GESTÃO INTEGRADA DO
NEGÓCIO

GESTÃO INTEGRADA DO NEGÓCIO

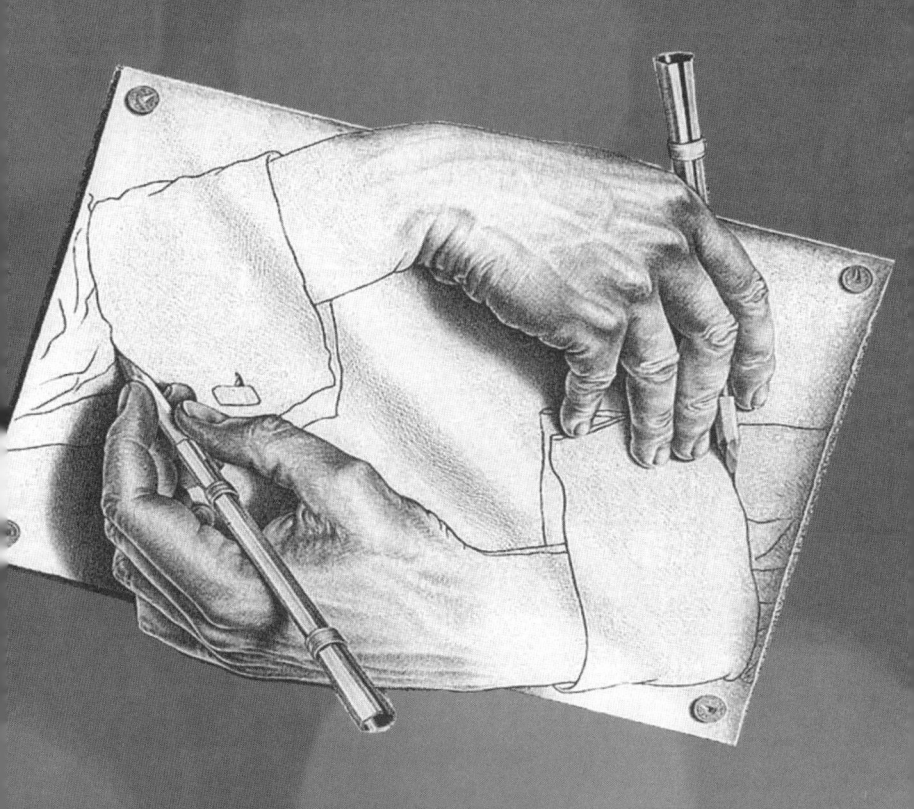

José Aristides Marcondes de Moura

Heitor Chagas de Oliveira

QUALITYMARK

Copyright © 2012 by José Aristides Marcondes de Moura
e Heitor Chagas de Oliveira

Todos os direitos desta edição reservados à Qualitymark Editora Ltda.
É proibida a duplicação ou reprodução deste volume, ou parte do
mesmo, sob qualquer meio, sem autorização expressa da Editora.

Direção Editorial	Produção Editorial
SAIDUL RAHMAN MAHOMED	EQUIPE QUALITYMARK

Capa e Ilustrações	Editoração Eletrônica
EQUIPE QUALITYMARK	APED-Apoio e Produção Ltda.

CIP-Brasil. Catalogação-na-fonte
Sindicato Nacional dos Editores de Livros, RJ

M884g

    Moura, José A. Marcondes de (José Aristides Marcondes de)
       Gestão integrada do negócio / José Aristides Marcondes de Moura.
    - Rio de Janeiro : Qualitymark Editora, 2012.
       112p. : 21 cm

       Inclui bibliografia
       ISBN 978-85-414-0043-5

       1. Administração de empresas. I. Título.

12-5661.
                                                        CDD: 658.406
                                                        CDU: 005.322.3

10.08.12   20.08.12   038084

2012
IMPRESSO NO BRASIL

Qualitymark Editora Ltda.
Rua Teixeira Júnior, 441 - São Cristovão
20921-405 - Rio de Janeiro - RJ
Tel. : (21) 3295-9800 ou 3094-8400

QualityPhone:0800-0263311
www.qualitymark.com.br
E-mail: quality@qualitymark.com.br
Fax: (21) 3295-9824

Sumário

❖

Prefácio	VII
1. Preâmbulo	1
2. Breves Considerações sobre o Modelo de Gestão Integrada do Negócio	5
3. Gestão Integrada do Negócio e Qualidade Total	9
3.1 Foco no Cliente e no Mercado	20
3.2 Foco na Gestão de Pessoas	26
3.3 Foco na Organização e nos Processos de Trabalho	29
4. Utilização dos Processos de Melhoria da Qualidade e de Gestão da Informação	33
4.1 Processo de Solução de Problemas	33
4.2 Processo de Melhoria de Qualidade	35
4.3 Habilidades Interativas	36
4.4 Pesquisas das Melhores Práticas Gerenciais (**Benchmark**)	37
4.5 Gestão da Informação	37
5. Gestão Integrada e Conectividade	39
5.1 Conectividade Pessoal	39
5.2 Conectividade Funcional	41
5.3 Conectividade Organizacional	42
5.4 Conectividade Social	43

6. Gestão Integrada na Empresa Familiar 45
   6.1 A Empresa Familiar no Mundo 45
   6.2 Perfil Gerencial da Empresa Familiar 54
   6.3 Gestão Integrada do Negócio na Empresa Familiar 56

7. Gestão Integrada do Negócio e Inovação 59

8. Foco em Resultados 73
   8.1 Monitoramento da Satisfação de Clientes 73
   8.2 Monitoramento de Satisfação e Motivação 77
   de Empregados 77
   8.3 Análise e Autoavaliação de Resultados Frente
   ao Modelo de Gestão Integrada do Negócio 80

9. Responsabilidade Socioambiental 85

10. O Papel da Alta Direção 91

11. Cuidados para a Implementação do Modelo de Gestão
    Integrada do Negócio 95

12. Considerações Finais: Preocupação com o Futuro 97

Bibliografia 101

Prefácio

Credenciais não faltam a estes dois para abordar os desafios de gestão com que as empresas, os governos e as pessoas se defrontam todos os dias. Afinal, José Moura e Heitor Chagas de Oliveira tratam deste tema com absoluta intimidade desde que, no Brasil, começamos a escutar as primeiras menções a uma nova ciência chamada Qualidade.

Nova para nós, porque já há muito tempo o Japão alardeava que, em grande medida, o seu ressurgimento após a devastação da Segunda Guerra Mundial se devia ao resgate e ao uso intensivo de conceitos, técnicas e ferramentas da Qualidade. Desenvolvidos, na década de 1930, pelos professores norte-americanos Deming e Juran, esses processos de controle da produção permitiram que a indústria de materiais e equipamentos de guerra dos Estados Unidos tivesse sua produtividade aumentada de maneira espetacular, desequilibrando em seu favor a balança de poder militar e logístico, crucial para a vitória contra as nações do Eixo.

Mas como ao estrondoso sucesso geralmente sucedem tempos de soberba e autosuficiência, os Estados Unidos, satisfeitos com sua situação de grande potência mundial a partir de 1945, acabaram deixando de lado aquelas técnicas e processos. No meio da década de 1950, os conceitos e práticas da Qualidade foram tomados emprestados pelos japoneses para reconstruir seu país e sua economia. E essa iniciativa lhes propiciou um desenvolvimento simplesmente fabuloso, dando ao pequeno país asiático, em pouco tempo, uma condição de quase absoluto domínio dos mercados internacionais.

Durante quase vinte anos o Japão manteve, em relação aos Estados Unidos, expressiva vantagem competitiva, com sérios reflexos negativos para a maior economia do mundo. Somente com a retomada do uso das práticas da Qualidade, a partir do final da década de 1970, os americanos começaram a reverter essa situação.

Isso explica por que tanta gente, no Brasil e em outros países, associa equivocadamente aos japoneses a criação daquilo que mais tarde veio a ser chamado Estratégia de Qualidade Total e, mais modernamente, Gestão de Excelência.

Não importando o passaporte que carrega a Qualidade, o fato é que ela fez, ao longo dos anos, uma imensa diferença não apenas nos processos com que são gerenciadas as empresas – estendeu sua influência à gestão pública e das entidades sem fins lucrativos e até mesmo à condução das relações sociais e familiares.

Muito embora esses conceitos e processos, constantemente adaptados e modernizados, já sejam muito utilizados no Brasil, temos ainda à frente um imenso caminho a percorrer até o ponto em que se possa dizer que nosso país transformou a Qualidade em um modo de vida.

Por não cuidarmos sempre de fazer certo da primeira vez, ainda convivemos com desperdícios inaceitáveis, jogando fora recursos públicos e privados que se perdem por falta de controle adequado, por planejamento e execução de baixo padrão e pela nossa atávica resistência a aprimorar processos. Continuamos com o velho vício de aplicar soluções sem antes definir com exatidão qual problema queremos resolver e, de maneira bizarra, parecemos não entender a necessidade de melhorar constantemente todos os processos, mesmo aqueles que estão dando certo, insistindo com essa bobagem de que "em time que está ganhando não se mexe".

O uso sistêmico de estratégias de gestão com base nos princípios da Qualidade é, comprovadamente, fator determinante da competitividade, seja ela no nível empresarial, seja entre as nações.

No Brasil vivemos momentos muito tensos, em que governantes e empresários buscam desesperadamente reverter um processo de desindustrialização que claramente reflete nossa gradativa perda de competitividade internacional. A taxa cambial é apontada, com insistência, como a grande vilã, dando a entender que bastaria uma razoável desvalorização do Real para que voltássemos a exportar produtos industrializados, como nos bons tempos.

Impressionante como não se tem dado, até muito recentemente, idêntico peso a fatores como excesso de regulação, arcabouço legislativo defasado das realidades do século XXI, sistema tributário punitivo da produção, falta de mão de obra qualificada, inexistência de moderna infraestrutura de transportes, custo exagerado da energia elétrica, falta de estímulo à inovação etc.

Para um problema tão sério, formulam-se soluções supostamente redentoras, sem um adequado diagnóstico de causa, cada setor da economia tratando de forçar a adoção de medidas que afinal consultam unicamente seus interesses particulares. Assistindo a essas discussões, não raro desfocadas e míopes, chega-se à inevitável conclusão de que a grande carência brasileira é exatamente uma intimidade maior com a Gestão pela Qualidade.

Daí porque devemos saudar o lançamento de um livro como este, escrito por duas autoridades no assunto, que, não obstante, passam seus recados de maneira simples, descomplicada, acessível ao entendimento de qualquer pessoa.

José Moura e Heitor Chagas de Oliveira, tenho imenso orgulho de dizer, foram meus companheiros na Diretoria da Xerox do Brasil, que no final do século XX havia alcançado uma posição ímpar no mundo da Xerox Corporation. Em um país que representava apenas 2,5% do PIB do planeta, tínhamos uma empresa com quase 2 bilhões de dólares de faturamento anual, terceira maior operação Xerox do mundo, atrás apenas dos Estados Unidos e do Japão. Isso foi conquistado ao longo de duas décadas, nas quais a operação brasileira se aplicou com seriedade, competência e persistência na implementação dos processos da Qualidade que, depois de algum tempo, se haviam tornado pura rotina, um cacoete para os nossos quase 6 mil funcionários.

Acumulando com a posição de Diretor de Recursos Humanos a responsabilidade por treinar e capacitar toda a empresa nessa nova ciência, José Moura amealhou uma experiência fabulosa que ele nunca se furtou a compartilhar com quem demonstrasse qualquer interesse, por menor que fosse, por uma gestão eficaz.

Seu livro "Os Frutos da Qualidade", lançado há cerca de uma década, é agora complementado com este mergulho mais profundo nesse tema tão fascinante. Ninguém seria melhor parceiro para esta empreitada que Heitor Chagas de Oliveira, que após seus tempos de Xerox continuou, com igual competência e sucesso em diversas organizações do Grupo Petrobras, seu trabalho para divulgar, ensinar e fazer usar estratégias vitoriosas fundamentadas nos Princípios da Qualidade.

Esta é uma leitura indispensável para quem compartilha o sonho de ver o Brasil alçado à posição de destaque mundial na qual já deveria estar há bastante tempo. É excelente e muito oportuno que, em nosso país, haja tantas pessoas com boas intenções e vontade para construir uma nação de alto grau de desenvolvimento, mas é absolutamente essencial que esses propósitos nobres sejam conduzidos pela via da ciência correta, com a objetividade e o foco nos resultados que se impõem.

Este livro atende, em minha maneira de ver, a imperiosa necessidade de dar a muitos mais brasileiros a certeza de que há caminhos viáveis para a construção da sociedade com a qual sonhamos, e que a missão de levar o Brasil até lá é bem menos complexa do que se poderia supor. Bastam um sólido conhecimento dos princípios e processos da Qualidade e uma inabalável intenção de torná-los parte da gestão de empresas, entidades governamentais e até mesmo de organizações do Terceiro Setor.

Os autores, implicitamente, fazem aqui uma convocação para que os brasileiros se comprometam com o projeto de um país mais moderno, socialmente mais justo e altamente competitivo.

Isso dispensa debates carregados de emoções, exaltações patrióticas ou passeatas em vias públicas. Trata-se de uma tarefa que tem regras claras e bem definidas, processos lógicos e mensuráveis, um projeto cuja condução compete a todos os cidadãos, independente do papel que desempenhem em nossa sociedade. Mas esse projeto ambicioso só será levado a bom termo se trabalharmos, todos, com alto grau de competência técnica e com vontade inquebrantável.

Não me resta qualquer dúvida: isto é perfeitamente possível, e nestas páginas serão encontradas inúmeras indicações do roteiro a seguir para que cheguemos, o quanto antes, à materialização deste sonho de um país à altura das nossas melhores expectativas; um sonho que temos não apenas o direito de acalentar, mas a obrigação de tornar realidade.

Carlos Augusto Salles
Ex-Presidente da Xerox do Brasil

1. Preâmbulo

❖

Antes mesmo de se falar sobre o Modelo de Gestão Integrada do Negócio, julgamos oportuno tecer algumas considerações sobre a relação capital/trabalho e sua contextualização no mundo globalizado dos negócios.

O que tem acontecido no mundo das organizações é um processo de aprender a vislumbrar os novos fatos econômicos e sociais. Um novo modelo de relacionamento que não altera os direitos dos acionistas, mas acrescenta personagens que podem interferir na governança das organizações.

Profundas transformações vêm ocorrendo em toda a sociedade, quer do ponto de vista sociopolítico e econômico, quer do ponto de vista ambiental.

Aconteceu o fim do regime soviético e, com a queda do muro de Berlim, redesenharam-se os mapas de países, com o surgimento de novos países. Era o final dos anos 1980.

Houve também muitas transformações no Ocidente capitalista, tanto nas sociedades desenvolvidas quanto naquelas em desenvolvimento.

A ideia de livre mercado adquiriu características tão revolucionárias quanto inovadoras, até mesmo assustadoras.

Neste começo de terceiro milênio, vive-se uma crise grave a cada dois anos. Recentemente, uma crise financeira afeta a macroeconomia de países desenvolvidos, com impactos nas economias dos países em desenvolvimento.

Estamos diante de um novo contexto internacional. A geopolítica não mais se dá com as características da bipolaridade da Guerra Fria e de suas ameaças.

Concomitantemente, em muitos países, dentre os quais o Brasil, ocorre o amadurecimento da democracia. Vive-se, também, outro momento no mundo das empresas e das relações entre capital e trabalho, igualmente redemocratizadas.

Neste novo ambiente, decisões importantes da sociedade não serão apenas aquelas típicas da sociedade industrial. As relações sociais e as decisões políticas, econômicas e de negócio também serão diferentes.

Não assistiremos a essas novidades facilmente. Ainda somos uma sociedade, notadamente no caso brasileiro, que há pouco mais de 100 anos era sustentada pela escravidão negra. E isso tem preço, deixando "resíduos" culturais que ainda precisam ser eliminados.

O mesmo ocorre com o ser humano. Somos avançados sob certos aspectos, mas retrógados em relação a outros. E nosso atraso parece estar na própria concepção que temos da pessoa humana.

Somos retrógados em nossa concepção preconceituosa que ainda admite que o brasileiro é indolente, que só trabalha sob o regime de rígida supervisão. Atrasos como esses devem, no plano da relação capital-trabalho, ser rompidos com menos lentidão e mais inteligência.

Não conseguiremos integração e competitividade em um mundo globalizado sem praticarmos um novo modelo de gestão, focado nas relações multilaterais entre empregados, clientes, fornecedores, acionistas e comunidades nas quais as empresas atuam e, não menos importante, nos compromissos com a sustentabilidade.

Por outro lado, as relações entre capital e trabalho devem deixar de lado tradicionais rixas e rivalidades para se transformarem em verdadeiras parcerias, condutoras a um ambiente de maior interação, motivação e produtividade.

O movimento sindical terá também que evoluir. A busca por melhores salários e condições de trabalho será sempre um papel que lhes caberá. O que não pode é prevalecer o radicalismo de greves de cunho estritamente político-partidário ou paralisações predatórias, notadamente quando expõem a riscos alguns serviços de fundamental importância para a sociedade.

Vivemos um momento de grandes oportunidades de negócios para o Brasil, aqui e lá fora. No entanto, as empresas brasileiras precisam fazer seu dever de casa: serem mais produtivas, competitivas, inovadoras e globais. O governo também tem desafios semelhantes: ser mais competente, reduzir seus gastos, reduzir a carga tributária (a maior do mundo) e promover as reformas necessárias a um ambiente de negócios que possa facilitar as tarefas das empresas na busca da competitividade. Além disso, deve atrair novos investimentos, garantindo especialmente os fundamentos de uma economia que inspire e anime os investidores e os gestores.

Esta é a importância do modelo de Gestão Integrada, proposto neste livro, aplicável tanto às empresas privadas quanto à administração pública, nela incluídas as estatais. Entre as empresas privadas destaquemos as empresa familiares e as empresas nascentes, resultantes de um processo inovador e empreendedor.

A propósito dos órgãos de administração pública, falta à maioria deles foco no cliente (contribuintes/sociedade), com comprometimento na qualidade do serviço prestado.

De maneira equivocada, parece que o servidor público está mais preocupado em agradar suas chefias ou com o próximo reajuste salarial, deixando seu cliente primário (contribuintes/sociedade) em segundo plano. O Estado, por sua vez, com raras exceções, não estimula o foco no cliente e, de forma geral, não cria incentivos ou reconhecimento para ações voltadas ao atendimento e à satisfação de seus clientes.

Vale lembrar que as relações dos órgãos públicos, incluídas as estatais, são multilaterais, da mesma forma como nas empresas privadas: todos têm clientes, fornecedores, empregados, responsabilidade social e ambiental.

Portanto, interação e integração entre esses atores tornam-se imprescindíveis ao cumprimento de suas missões, metas e objetivos.

A boa notícia é que modelos de gestão focados nos princípios da Qualidade vêm sendo implementados em alguns Estados, como Minas Gerais, Rio de Janeiro e São Paulo.

Em Minas Gerais o programa de Qualidade foi implementado com a assessoria do Instituto Falconi. No Rio de Janeiro, programa semelhante vem sendo implementado na Secretaria da Fazenda do Estado e na Prefeitura. Em São Paulo o programa de Qualidade foi implementado pela Prefeitura Municipal.

Todos esses programas têm em comum metas, objetivos, indicadores de desempenho, avaliação de resultados e, finalmente, reconhecimento e recompensa para aqueles que contribuíram para o alcance das metas e dos objetivos.

Cabe também registrar algumas das iniciativas promovidas pelo Movimento do Brasil Competitivo (MBC) junto a órgãos do governo, reconhecendo por meio do Prêmio Nacional de Gestão Pública as organizações públicas que se destacaram na execução de práticas de excelência na gestão, com foco no atendimento ao cidadão.

O MBC é uma Organização da Sociedade Civil de Interesse Público (OSCIP) fundada em 1997 por iniciativa de Jorge Gerdau, Edson Musa, Elcio de Lucca e Carlos Alberto Sucupira. Seu objetivo é desenvolver iniciativas que contribuam para aumentar a competitividade internacional do Brasil, com foco na eficácia na gestão tanto nas empresas privadas como no governo.

Por definição, o MBC considera que uma Nação será mais ou menos competitiva "na medida da sua capacidade de atrair, reter e desenvolver talentos, com ênfase na educação".

Foram contempladas com o Prêmio Nacional de Gestão Pública, instituído pelo MCB, as seguintes organizações: Companhia de Água e Esgoto do Ceará, Departamento de Água e Esgoto de Penápolis (SP), Diretoria de Crédito do Banco do Brasil, Fundação Centro de Hemoterapia e Hematologia do Pará, Centro de Instrução de Guerra na Selva e 15º Batalhão Logístico, ambos do Exército Brasileiro, Unidade de Serviços Compartilhados da Petrobrás, Hospital de Messajana (Ceará) e Centro de Análises de Sistemas Navais da Marinha do Brasil (*Relatório Anual de Atividades do MBC*, 2010, p.84).

O MBC também vem apoiando e incentivando as micro e pequenas empresas, concedendo premiações às que se destacam pela excelência de seus processos gerenciais.

2. Breves Considerações sobre o Modelo de Gestão Integrada do Negócio

❖

Este livro procura explicitar alguns conceitos básicos de gestão de empresas, consagrados pela prática de inúmeras organizações de sucesso. Quando focados em uma sequência lógica, dão origem ao que se pode chamar de Gestão Integrada do Negócio.

Nenhum desses conceitos acabou de ser inventado. O que se observa, no entanto, é que muitas vezes os empreendedores e os administradores falham por não adotar o uso sistêmico desses princípios, essenciais à excelência da gestão do negócio.

Não raro, no afã de resolver problemas pontuais, as empresas contratam cursos de capacitação e treinamento, compram softwares sofisticados, implementam projetos ambiciosos de automação, além de promoverem mudanças por vezes radicais em suas estruturas organizacionais. Todos esses remédios têm eficácia quando precedidos de um diagnóstico, elaborado pela alta direção da empresa. Do contrário, certamente poderão resultar em prejuízos de grande monta.

O diagnóstico, por sua vez, não pode ser um exercício de adivinhação. Ele só pode ser obtido por meio de um processo bem estruturado e aprofundado de análise organizacional.

O Modelo de Gestão Integrada incorpora os fundamentos dos critérios de excelência utilizados para a avaliação de empresas que se candidatam ao Prêmio Nacional de Qualidade. Adota princípios básicos do modelo de gestão aplicáveis, com as devidas adaptações, às grandes, médias e pequenas empresas, e também à administração pública.

Ele se apoia em quatro pilares básicos, a saber :

- Clara definição da Missão e Visão Estratégica do negócio;
- Gestão Eficaz de Recursos Humanos e Financeiros, necessária ao alcance das metas e dos objetivos da empresa;
- O Cliente e o mercado como foco principal de toda a organização;
- Gestão orientada para resultados, com ênfase na Liderança da Alta Direção.

Opção Estratégica
- A - Valores;
- B - Missão;
- C - Visão;
- D - Negócio, Mercado e Cliente;
- E - "Stakeholders" da Empresa;
- F - Equação Financeira Desejada;
- G - Papel dos Acionistas;
- H - Responsabilidade Social

Gestão Eficaz de RH
- A - A Função de RH na Organização;
- B - Competências Gerenciais;
- C - Recrutamento e Seleção;
- D - Avaliação de Desempenho e Potencial;
- E - Planos de Desenvolvimento e Sucessão Gerencial;
- F - Orientação para Qualidade Total;
- G - Satisfação e Motivação de Empregados;
- H - Clima Organizacional/Práticas Gerenciais;
- I - Compensação Total.

Foco no Cliente
- A - Atitude Organizacional Pro-ativa; Vendas como Fio Condutor da Gestão;
- B - Produtos e Serviços em Resposta a Necessidades de Mercado;
- C - Organização de Vendas;
- D - Prospecção, Cobertura de Mercado e Definição de Metas;
- E - Supervisão e Monitoramento;
- F - Pós Venda, Satisfação de Clientes e Fidelização
- G - Remuneração de Vendas
- H - Treinamento e Capacitação

Orientação para Resultados
- A - Conceito de Gerência Geral
- B - Visão Sistêmica do Negócio
- C - Sistemas de Liderança
- D - Objetivos e Indicadores de Desempenho
- E - Informações Gerenciais
- F - Delegação de Responsabilidade e Autoridade
- G - Revisão de Resultados e Planos de Ação
- H - Implementação Eficaz
- I - Temas Indelegáveis

Figura 1. Workshop sobre Gestão Integrada de Negócio promovido pela

Associação Comercial do Rio de Janeiro, em agosto de 2003.

A crença fundamental dos autores é a de que há poucas chances de insucesso para empresas que: a) identificam claramente qual é o seu negócio, onde estão, para onde querem ir e como pretendem chegar lá; b) sabem quais os recursos e competências necessárias para isso e possuem processos adequados; c) entendem que todas as suas atividades existem em função do que o cliente necessita e por elas estão dispostos a pagar; e que, finalmente, d) dispõem de uma gerência imbuída do propósito de olhar o negócio com uma abordagem sistêmica e integrada, traçar objetivos e metas e, de forma contínua, monitorar resultados.

3. Gestão Integrada do Negócio e Qualidade Total

❖

Poucos conceitos tiveram a capacidade de revolucionar a forma de administrar as empresas como aqueles ligados ao conjunto de preceitos da Qualidade Total.

O primeiro deles, tão simples quanto óbvio, é o de que a qualidade de um produto ou de um serviço se traduz na satisfação das necessidades ou expectativas de seu consumidor ou cliente. Portanto, qualidade não é algo considerado satisfatório do ponto de vista de quem produz, mas sim do ponto de vista de quem recebe determinado produto ou serviço.

Este conceito inovou radicalmente as relações entre clientes e fornecedores, obrigando as empresas a conhecer de perto as necessidades dos consumidores.

Outro conceito inovador diz respeito aos clientes e fornecedores internos, até então ignorados pelas organizações. Cada um fazia a sua parte e pronto! Obviamente, uma crença ingênua e desatualizada.

Ora, qualquer produto ou serviço, antes de chegar ao consumidor final, passa por todas as áreas integrantes do processo produtivo, desde sua concepção e produção até sua disponibilização para o mercado. Estabelece-se, então, uma malha de relações entre fornecedores e clientes internos das diversas áreas que formam a cadeia produtiva. Fornecedores procuram entender as necessidades de seus clientes internos e se organizam para a entrega do produto ou do serviço, de modo a fazer certo da primeira vez, sempre visando à satisfação do cliente externo.

A partir dessa constatação as organizações passaram a se preocupar com os custos decorrentes do não atendimento das especificações e necessidades dos clientes internos e externos, custos esses decorrentes de retrabalhos e refugos, os chamados "custos de não conformidade". Os custos de não conformidade, segundo alguns estudos, podem chegar a uma cifra equivalente a 20% do faturamento das empresas.

Fazer certo da primeira vez passou a ser uma prioridade e ao mesmo tempo uma vantagem competitiva, uma vez que qualidade e custo passaram a influir, cada vez mais, nas decisões dos clientes no momento da compra do produto ou do serviço.

Este livro pretende explorar ao máximo a influência de tais conceitos na forma de administrar o negócio, demonstrando que o enfoque da qualidade tem provocado profundas modificações nas relações das empresas com seus clientes, empregados, fornecedores, acionistas e comunidade (*stakeholders*).

No âmbito das organizações industriais e das empresas em geral, as primeiras concepções sobre gestão haviam gerado um conjunto de falsos conceitos de distinção e blindagem entre as áreas do negócio. Esses conceitos eram oriundos das tentativas de racionalizar estruturas e buscavam justificar-se com a ideia da especialização.

Aquilo que teria sido o razoável, em termos de divisão do trabalho, na raiz do ato de organizar, gerou a construção de muros (!) para distinguir "nitidamente" uma área da outra, dando origem aos infelizes feudos organizacionais. Esses feudos não contribuíam com nenhum resultado em matéria de produtividade, o que gerou um crescente número de conflitos internos nas organizações, além dos custos decorrentes.

Em oposição frontal às ideias desagregadoras de tais feudos está o conceito de gestão integrada. Pode parecer óbvio falar em gestão integrada, como se fosse possível supor a existência de modelos fragmentados de gestão de empresas.

Entretanto, na vida real observam-se, com frequência, exemplos de gestão desintegrada ocasionada pela verticalização das diversas áreas do negócio, presente em organizações centralizadoras, com processos de trabalho burocráticos concentrados em suas casas matrizes. Neste contexto, as áreas funcionais das matrizes estabelecem metas e objetivos próprios, com critérios distintos e por vezes conflitantes.

Tem faltado em muitas organizações a ação concreta de integrar a gestão, notadamente no que diz respeito ao processo de interação entre as diversas áreas do negócio e seus colaboradores. As pessoas de uma determinada área não sabem o que fazem as outras de outras áreas, nem o quanto seu próprio trabalho é importante para o trabalho das demais.

O resultado dessa forma de gestão é desastroso, pois coloca em polvorosa os que estão na linha de frente, próximos do cliente, seja em escritórios ou nas fábricas, em muitas situações difíceis, sem delegação de poderes para a solução de problemas.

Ao contrário, o modelo de gestão integrada pressupõe plena interatividade e conectividade entre as diversas áreas da empresa, como forma efetiva de buscar resultados, não somente os financeiros, mas também os relacionados à satisfação de clientes, de empregados, e consequentemente, à satisfação dos acionistas e das comunidades onde atuam.

Essa visão de conjunto, de relações multilaterais, é que torna as empresas mais produtivas e competitivas, já que focaliza as ações de todos os atores participantes desse processo.

Vale ressaltar que o modelo procura estabelecer compromissos de toda a organização com sua missão, seus valores, sua visão estratégica, bem como de metas e objetivos prioritários de curto, médio e longo prazos.

Sem uma clara definição da Missão, da Visão Estratégica, dos Valores, Metas e Objetivos Prioritários do Negócio, a empresa tende a ficar à deriva, sem ir a lugar algum.

Missão e Visão Estratégica

A Missão é a razão de ser da empresa, tantos daquelas com fins lucrativos quantos as sem esses fins. Ela é fruto de uma reflexão sobre o negócio, o mercado em que atua, seus produtos, clientes, concorrência, comunidade e ambiente externo.

As definições da Missão e da Visão Estratégica são tarefas que devem anteceder qualquer decisão de investimento. Na ausência de uma clara definição do negócio, do mercado em que atua, bem como de um compromisso com a excelência em tudo o que produz, a empresa acaba fadada ao fracasso.

Sua formulação deve resultar de amplo envolvimento e participação de todos os integrantes da Alta Direção da empresa.

Torna-se imperioso, nesse passo, um consenso sobre a Missão e a Visão Estratégica, de modo a comprometer todo o corpo gerencial, bem como todo o quadro funcional, em todos os níveis e segmentos da organização, por meio de um amplo processo de comunicação, claro, transparente e participativo.

A Missão deve ser definida de forma simples, clara, sucinta e objetiva. Nessa linha, alguns exemplos de definição de Missão podem ser citados com essas características:

"Nossa missão é fazer as pessoas felizes." (Walt Disney)

"Através do uso de tecnologia de ponta e inovadora, oferecemos soluções no campo de gestão da informação, objetivando contribuir para a maior eficácia dos nossos clientes no atendimento de suas necessidades." (Xerox)

"Antecipamos para nossos clientes as melhores oportunidades de negócios, futuros problemas e as respectivas soluções." (Ernest & Young)

O modelo de gestão integrada do negócio convida, a seguir, a importantes indagações sobre Visão Estratégica:
- Aonde a empresa quer chegar e como deve ser percebida no mercado em que atua?
- Com que recursos, investimentos e em que horizonte de tempo?

Portanto, a Visão Estratégica deve ser construída a partir da resposta às seguintes questões básicas:

1. Que dimensão terá a empresa a médio e longo prazo?
2. A empresa pretende ser líder de mercado ou se contentará com uma posição secundária?

3. Que grau de inovação tecnológica ou de estratégias de marketing e vendas serão necessários, e que investimentos serão requeridos?
4. Que imagem esse empreendimento pretende projetar no mercado e na sociedade?

Todas essas perguntas exigem respostas claras, fruto das opções explicitadas pelo empreendedor. À medida que são respondidas, configura-se a construção da Visão Estratégica.

Uma vez definida, a Visão Estratégica deverá ser amplamente comunicada a todos os níveis da empresa, de modo a gerar o comprometimento necessário à sua materialização.

Obviamente, a Visão tem que ser realista e factível, representando ao mesmo tempo uma meta e um desafio a serem buscados por todos os integrantes da organização, em todos os níveis.

Seguem alguns exemplos de definição de Visão Estratégica:

- "A empresa A será líder de mercado no segmento de móveis para escritório, reconhecida pelo alto índice de satisfação de seus clientes, pela força de sua marca e pela alta qualidade de seus produtos, caracterizados por alto grau de inovação; suas políticas de recursos humanos e de responsabilidade social serão padrão de referência no país."
- "A empresa B operará no campo de prestação de serviços de manutenção predial com opção de contratos que envolvam limpeza, manutenção e reparo de instalações, com foco no alto índice de satisfação de seus clientes. A manutenção de um bom equilíbrio financeiro consequente à liquidez e à rentabilidade serão de grande prioridade para seus acionistas."
- "A empresa C será líder incontestada em toda a Latina América no provimento de Sistemas de Informação e Gestão do Conhecimento."

É a partir da clara definição da Missão e da Visão que se estabelecem as competências gerenciais críticas necessárias à materialização das metas e dos objetivos do negócio, dentre as quais destacamos:

- Liderança: Capacidade de mobilizar e motivar pessoas e grupos para alcançar ou superar os objetivos do negócio, por meio de um estilo aberto e participativo, incentivando e reconhecendo o desempenho de pessoas ou de equipes sinérgicas e agregadas.
- Pensamento Estratégico: Capacidade de formular e implementar estratégias levando em conta fatores internos e externos da organização, como concorrência, cenário socioeconômico e ambiente regulatório.
- Capacidade Decisória: Competência para tomar decisões com base em informações e conhecimentos técnicos, planejando recursos para sua implementação, com impactos positivos no negócio e na satisfação dos clientes.
- Gestão de Pessoas: Capacidade de identificar, atrair e reter talentos, de estimular espírito de equipe, proporcionando oportunidades de desenvolvimento e crescimento pessoal e profissional.

É importante ressaltar que as competências aqui assinaladas são aquelas consideradas universais. Contudo, dependendo da natureza do negócio, outras competências mais específicas poderão ser exigidas. Por exemplo: se a empresa tem presença em outros países ou se atua em áreas de alta tecnologia ou resulta de um processo de fusão, privatização ou incorporação, competências como experiências internacionais, conhecimento em novas tecnologias e capacidade de negociação deverão também ser exigidas.

Mas, afinal, o que Gestão Integrada tem a ver com Qualidade Total? TUDO, como será visto a seguir.

Uma certa confusão se estabeleceu nos últimos anos em relação ao real significado da expressão "Qualidade Total". Entre aqueles que desenvolveram pouca intimidade em relação ao tema, persiste a ideia de que estamos sempre falando de "qualidade do produto".

Não raro escutamos, por exemplo, que "a onda de Qualidade já passou e agora vivemos a era do Six-Sigma". Para comunicar que prezam e adotam os princípios da Qualidade, muitas empresas se empenham para que o mercado fique muito bem informado de que elas fazem uso intensivo do *Balanced Score Card*. E, ainda hoje, com muita frequência, a busca das certificações ISO é equivocadamente tratada como adoção da Estratégia de Qualidade. Ainda pior: muitas vezes se imagina que a conquista de uma premiação na área da Gestão de Qualidade equivale à obtenção de um atestado de qualidade para os produtos e serviços que uma determinada empresa oferece ao mercado.

Ainda, e principalmente para fins mercadológicos, ou para cumprir com normais legais de importação e exportação, muitas empresas buscam tais certificações, proclamando-se empresas de Qualidade Total.

No Brasil, essa desinformação tem representado importante obstáculo para a utilização, em larga escala, de conceitos e estratégias que, adotados de maneira sistêmica e integrada, seriam contribuintes formidáveis para a resolução dos nossos principais desafios como Nação. Entre outros objetivos, este livro trata de esclarecer a apreciável confusão que se estabeleceu em torno deste tema e, para tanto, aqui se busca fugir da teorização árida. Talvez o desafio mais formidável, e ao mesmo tempo mais fascinante, seja demonstrar como a Qualidade pode mudar os rumos de uma empresa por meio de uma profunda revolução em seus processos da administração, da gestão empresarial e da própria inter-relação com clientes, com o mercado e com a sociedade da qual fazem parte.

Como ponto de partida devemos ter presente que Qualidade é um tema que não diz respeito apenas às empresas. O uso dos seus princípios e das ferramentas que os operacionalizam é matéria de interesse nacional.

O ataque às grandes mazelas que atingem a sociedade brasileira seria muito mais eficaz se conduzido dentro dos cânones da Qualidade. Daí a ineficiência dos serviços públicos com altos índices de desperdício, da incapacidade para preservar nossos recursos naturais, chegando à vergonhosa exclusão social com que ainda convivemos.

Inclua-se neste contexto a nossa dificuldade para construir uma nova sociedade, por meio da educação universal e de alto padrão, a nossa proverbial incapacidade para evoluir do diagnóstico até a ação. Tudo isso tem a ver com a falta de intimidade nacional com essa ciência tão fundamental chamada Qualidade.

Vale recordar que a Estratégia de Qualidade Total teve remotamente sua origem em um ambiente industrial.

No começo da década de 1940, os Estados Unidos, ao entrarem na 2ª Guerra Mundial, viram-se diante da necessidade de converter seu parque industrial voltado à produção de bens de consumo em uma formidável máquina de produção de materiais bélicos, de armamentos a uniformes, passando pela produção, em larga escala, de veículos militares, aviões e navios.

Os professores Deming e Juran, que, na década anterior haviam desenvolvido ferramentas estatísticas para controle da qualidade de processos industriais, foram convocados a participar do planejamento dessa gigantesca tarefa. E se saíram tão bem que acabaram reconhecidos como principais responsáveis pelo sucesso dos americanos em colocar à disposição de suas próprias tropas e de seus aliados um suprimento quase inesgotável de equipamentos bélicos de alta qualidade.

Fundamentalmente, Deming e Juran conceituaram o processo de Qualidade através de uma sigla, PDCA, descrevendo as etapas do processo produtivo ideal (*Plan, Do, Check, Act*). Em outras palavras, o ciclo se inicia com a programação da tarefa, passa pela implementação, faz uma parada na inspeção e desemboca na implementação das correções, retomando-se, a partir daí, o ciclo original com nova etapa "*Plan*". Reafirme-se que o PDCA, quando recomenda inspeção, não está centrado no produto que o processo está gerando. Centra-se, sim, na própria estrutura do processo. A premissa é que processos perfeitos não geram produtos imperfeitos, o que atenua a necessidade de se fazer o controle de Qualidade de produto no final da linha de montagem.

Vale lembrar que para a reconstrução do Japão, arrasado pela guerra, os dois Professores foram chamados a colaborar. Suas contribuições foram tão decisivas que Deming e Juran quase se tornaram heróis nacionais daquele país. Criou-se então o *Deming Prize* para as empresas que se destacassem nas práticas dos princípios e ferramentas da Qualidade Total.

No início dos anos 70 os Estados Unidos, às voltas com a recessão e a queda da produção industrial, resolveram espelhar-se no modelo japonês para tirar sua economia do atoleiro onde estavam. E, curiosamente, repatriaram a Estratégia de Qualidade Total, instituindo o *Malcom Baldrige National Quality Award*, premiação baseada em critérios semelhante aos do *Deming Prize*, como se verá a seguir.

Até então, as corporações americanas buscavam resultados de curtíssimo prazo, com foco apenas na satisfação de seus acionistas.

Ao contrário, no continente asiático, notadamente no Japão, após a adoção dos conceitos da Qualidade Total, as corporações elegeram a satisfação dos clientes como primeira prioridade do negócio. Os resultados de tal abordagem foram avassaladores.

Ao longo do tempo os produtos japoneses invadiram a Europa e os Estados Unidos, que passaram a ver importantes fatias de seus mercados conquistadas por empresas japonesas.

No início da década de 1960 a indústria japonesa de relógios tornou-se extremamente competitiva com a indústria Suíça, até então líder absoluta na fabricação desse produto; no setor automotivo, na década de 1970, a Honda transformava-se em primeiro exportador de automóveis para os Estados Unidos, posição até então ocupada pela Volkswagen, da Alemanha.

A produtividade da indústria americana entre 1980 e 1985 cresceu em média apenas 2,5%, enquanto a da indústria japonesa, nesse mesmo período, cresceu 8,4%.

Em 1984 a Revista Forbes listava 146 indústrias japonesas dentre as 200 maiores indústrias estrangeiras instaladas nos Estados Unidos. No setor bancário, dentre as 100 maiores corporações, 28 eram empresas japonesas, quatro das quais incluídas no topo da lista.

A partir dessas constatações, as grandes corporações americanas e europeias passaram a dar foco no cliente e a considerar a Qualidade como fator crítico de sucesso.

Daí a crescente adoção de estratégias de Qualidade Total que, curiosamente, os americanos Deming e Juran haviam ajudado a implementar no Japão.

Em junho de 1954, atendendo ao convite do governo japonês, o Prof. J.M Juran conduziu um Seminário de Gerenciamento do Controle de Qualidade. Pela primeira vez a Qualidade foi abordada como uma ferramenta gerencial para a melhoria da produtividade e da competitividade, por meio do aprimoramento de processos e de sistemas de informação.

Por sua vez, nos Estados Unidos, o Prof. Philip Crosby introduziu o conceito de Qualidade voltado para a satisfação do cliente por meio da eliminação de erros ou defeitos de forma preventiva (zero defeitos).

Segundo Crosby, Qualidade não custa dinheiro. Ao contrário, a Qualidade não somente é gratuita como gera lucro para as empresas. Cada centavo que se deixa de gastar para corrigir erros torna-se um centavo ganho.

Aos poucos as corporações ocidentais, por força da dramática melhoria de qualidade e de competitividade dos produtos japoneses, conscientizaram-se de que os resultados financeiros e a expansão dos seu mercados seriam consequência da satisfação e da fidelidade de seus clientes. O cliente passou, então, a ser ponto central do negócio.

No Brasil, em 1992, foi instituído o Prêmio Nacional de Qualidade, pela Fundação Nacional de Qualidade, inspirado nos critérios do *Malcom Baldrige National Quality Award*, por sua vez baseado no *Deming Prize*.

De lá para cá o tema Qualidade Total passou a frequentar não apenas livros, mas também as páginas de revistas especializadas, associado à gestão de negócios.

De um inicial e natural estágio acadêmico, o assunto caminhou para a realidade cotidiana de um grande número de empresas e de profissionais especializados.

Como toda e qualquer área de conhecimento, a questão da Qualidade Total vem passando por um contínuo processo de aperfeiçoamento e evolução, situando-se nos dias de hoje em um estágio de "quase ciência".

A primeira grande evolução conceitual aconteceu na forma como a Qualidade é percebida e praticada. Até bem pouco tempo ela era percebida como simples atributo de um produto ou serviço, traduzindo-se por valores de eficiência ou por medições estatísticas, sem nenhum foco nos diversas etapas do processo produtivo que antecedem sua entrega ao cliente.

Aos poucos, entretanto, começou-se a perceber que a qualidade final de um produto ou serviço está ligada às diferentes equipes e etapas do processo produtivo, como pesquisa e desenvolvimento, fabricação, distribuição e "pós-venda". É a partir desse ponto que se estabelece um vínculo com o cliente, cuja permanência e estabilidade será maior ou menor na proporção do nível de serviço oferecido na etapa posterior à entrega do produto.

Mas qual seria o real significado da Qualidade Total e qual sua influência na gestão do negócio?

Qualidade Total, em seu mais simples enunciado, significa gerar produtos ou serviços que satisfaçam plenamente às expectativas e às necessidades do cliente, agregando valor ao seu negócio.

O modelo de Gestão Integrada, centrado nos princípios da Qualidade Total, está primordialmente voltado para o cliente, para o mercado, para a gestão de pessoas, para os processos de trabalho e gerenciais, e com foco na comunidade e na sustentabilidade.

Ele parte de uma clara definição da missão e da visão estratégica obtidas pelo consenso da alta direção da empresa. Tanto a missão quanto a visão estratégica devem resultar de uma profunda reflexão e discussão sobre a vocação do negócio, das suas competências internas (fraquezas e fortalezas), da concorrência e das variáveis ambientais (influências externas), conforme já frisamos.

Embora possa parecer estranho, nem sempre a empresa sabe definir com precisão qual é sua missão e seu negócio. Também não é rara a falta de conhecimento do mercado em que está inserida, o mesmo ocorrendo com relação a seus concorrentes. Muitas empresas pecam por não investir tempo nesse importante exercício, lançando produtos no mercado com grandes investimentos sem definir com clareza qual é o seu negócio, seus concorrentes e o mercado em que deve atuar. Prevalecem, em geral, os efeitos de um entusiasmo inicial que ofusca o horizonte à sua frente.

A exemplo e à semelhança dos aviões, as empresas não devem decolar sem um mínimo plano de voo, sob pena de navegarem sem rumo e sem destino.

Como afirma Rowan Gibson, "muitas organizações perseguem a eficiência operacional como se ela fosse um destino em si. Carecendo de senso de direção estratégica, a maioria delas, mais cedo ou mais tarde, percebe que está andando em círculos. Organizações assim só estão pisando no fundo do acelerador, sem terem para onde ir." (*Repensando o Futuro*, Makron Books, 1998)

Resumindo, a Gestão Integrada do Negócio, embasada nos princípios da Qualidade Total, está focada na liderança da alta direção, na satisfação e fidelidade dos clientes, satisfação e motivação de seus empregados em todos os níveis, no mercado e concorrência, nos processos gerenciais e nos resultados financeiros e, não menos importante, na sua responsabilidade socioambiental.

3.1 Foco no Cliente e no Mercado

Existem diversos princípios essenciais ao sucesso empresarial, porém um merece destaque especial, justamente aquele que rege a existência e o sucesso da empresa: o cliente, que em última análise determinará se o empreendimento vive ou morre.

Curioso como um pensamento assim tão singelo, tão óbvio, frequentemente é negligenciado por empreendedores, dirigentes e funcionários.

Dentre as principais virtudes do modelo de Gestão Integrada do Negócio, destaca-se a que coloca o cliente e o mercado como o núcleo central das organizações, que passam a concentrar todos os seus recursos em busca da satisfação e, mais que isto, da lealdade e da fidelidade de seus clientes.

No entanto, é bom lembrar que essa "redescoberta do cliente" é relativamente recente. Até que as empresas passassem a entender e a adotar os conceitos da Qualidade Total, as expectativas e as necessidades do cliente não eram encaradas como uma prioridade do negócio.

Os parâmetros da qualidade dos produtos ou dos serviços eram estabelecidos internamente – ou seja, eram definidos do ponto de vista do fornecedor e não do cliente. Somente após a adoção de programas ou de estratégias de Qualidade Total (*Total Quality Management*) é que as empresas passaram a ter foco no cliente e no mercado, além da concorrência.

E quais seriam mais comumente as expectativas e necessidades do cliente?

O cliente, via de regra, espera receber um produto ou serviço com qualidade, a custos compatíveis com os do mercado e com entrega dentro dos prazos pré-estabelecidos. Mais ainda: produtos ou serviços que agreguem valor ao seu negócio ou à sua atividade.

Afinal, de que serve uma empresa que não sabe quais as necessidades e expectativas de seus clientes ?

Os autores norte-americanos Al Ries e Jack Trout, em seu excelente livro *As leis imutáveis do Marketing* (Harper-Collins Publishers Inc., 1993), advogam a tese de que mais de 80% dos fracassos empresariais são oriundos da falta ou do abandono do foco no cliente.

Mesmo após décadas de globalização, ainda encontramos no Brasil empresas que, racional ou inconscientemente, agem como se estivessem fazendo um favor ao cliente ao lhe darem a atenção esperada.

O que se convencionou chamar de Foco no Cliente é, na verdade, um conjunto de atitudes e práticas que compreendem os seguintes aspectos essenciais:

- Prospecção de clientes potenciais para os produtos e serviços que a empresa oferece;
- Captura de oportunidades representadas por esses clientes potenciais mediante um esforço de vendas profissionalmente estruturado e concluído;
- Fidelidade dos clientes, por meio de um processo eficaz de comunicação pós- venda.

O processo de vendas, em sua essência, tem que ser pró--ativo. A conscientização dos compradores e a intensificação da concorrência são fatores presentes em quase todos os setores da atividade empresarial.

Vale, nesse passo, ressaltar a importância da atividade de vendas, crítica para os resultados do negócio.

Jack Welch, ex-CEO da General Electric, dedicava cerca de 40% de seu tempo cuidando de clientes, existentes ou potenciais. Conquistar ou manter um cliente era uma prioridade na GE.

Com efeito, se a empresa não vende, não existe. Vender deve ser uma responsabilidade de todos na organização, e não apenas dos profissionais da área comercial.

Evidente que não bastar dizer que é preciso vender e somar esforços nesse sentido. É fundamental que se entenda que a venda tem que ser feita com qualidade, nos volumes adequados, para os clientes certos e com a rentabilidade esperada.

A venda é, antes de tudo, um exercício de interação humana. Não obstante, cabe ressaltar que embora as relações humanas possam ser governadas pela intuição ou pela emoção ou por impulso, é indispensável entender que, para sua eficácia, esta atividade requer técnicas de abordagem de vendas e de planejamento.

Por técnicas de vendas deve-se entender o conjunto de habilidades de interação, prospecção de potenciais clientes, identificação de oportunidades, bem como o estabelecimento de uma relação entre as necessidades do mercado e as características do produto ou do serviço que se pretende oferecer.

De igual importância é o foco no mercado e em suas características, no perfil e nas expectativas de seus consumidores quanto a qualidade, custo e prazo de entrega do produto ou do serviço. Para obter essas informações essenciais há que se buscar contato claro e direto com os clientes, seja por meio de pesquisas nos pontos de venda, de revendas, lojas, balcões de negócio.

Á propósito, a falta de foco no cliente e no mercado vem causando sérios problemas após a entrega do produto (*recalls*). Tome-se como exemplo as grandes empresas da indústria automobilística.

O que está acontecendo nas grandes empresas da indústria automobilística?

Com relação à tradição de excelência, algumas marcas são verdadeiras referências. No que diz respeito aos avanços tecnológicos, unidades de pesquisas e inovação, estão cada vez mais avançadas e produzindo modelos e invenções muito importantes no que se refere, por exemplo, ao consumo de combustíveis.

Têm sido apresentadas patentes recentíssimas com foco na economicidade de motores *flex* e na possibilidade de uso de novos combustíveis, além de modelos de motores chamados híbridos, acompanhados de uma diversidade de ideias e propostas competitivas do que podemos denominar de "carro elétrico".

Um conjunto de esforços de marketing tem sido capaz de assegurar o interesse do mercado, principalmente a partir de feiras internacionais que nos mostram uma pujança em termos de inovações tecnológicas desenvolvidas nos centros de pesquisa e desenvolvimento, onde trabalham os geniais inventores e engenheiros.

Exatamente em meio a este cenário brilhante retorna a pergunta: "O que está acontecendo nas grandes empresas da indústria automobilística?".

A questão certamente ocorre a pessoas que já passam a prestar atenção à frequência com que são anunciados programas de *recall*.

Qual será o custo de um *recall*? São muitos itens de custos, diretos e indiretos, entre os quais os denominados "custos de não conformidade", que podem comprometer até 20% do faturamento das empresas, além de impactar negativamente na satisfação e na fidelização de clientes.

A divulgação do apelo de comparecimento pode ser algumas vezes o item menos prejudicial, embora incomode o cliente. É que além de ser o cumprimento de um dever, o *recall* implica em alterações operacionais no campo da pós-venda, no uso dos telefones, na logística do atendimento nas lojas e oficinas dos revendedores e concessionários.

Sabe-se de casos de *recall* gerados após lastimáveis acidentes, alguns com perdas de vidas e acusações na mídia relativas a eventuais descuidos e defeitos que não se espera encontrar em produtos de marcas tão tradicionais e respeitadas.

Quantos problemas, além dos custos financeiros, serão acrescentados à vida da empresa?

Esta questão deve estar gerando muito estresse no meio gerencial e nos níveis de direção mais elevados.

E uma pergunta não quer calar: os investimentos feitos em Qualidade Total e todos os métodos, técnicas e processos que fazem (ou faziam, ou fizeram) parte dos programas de Qualidade – para nada serviram? Ou não é disto que se trata? De que é que se trata, mesmo?

A nosso ver, a preocupação com a qualidade do produto está cedendo lugar à obsessão por lucro a curtíssimo prazo e pela pressa de chegar à frente da concorrência.

O famoso chavão de Philip Crosby, "fazer certo da primeira vez", perdeu o foco gerando enormes custos de não conformidade e desgaste para as organizações, obrigadas a fazer certo pela segunda, terceira ou quarta vez.

Tem faltado nas organizações moderníssimas e da mais requintada tecnologia a ação concreta de integrar a gestão, incluindo-se neste conceito o processo de interação entre as várias áreas e seus colaboradores.

Já dissemos que as pessoas de uma determinada área não sabem o que fazem as das outras áreas, nem o quanto o seu próprio trabalho é importante para o trabalho delas. Exemplo típico é a falta de interação entre as áreas de pesquisa e desenvolvimento com as áreas de marketing e de vendas, supostamente conhecedoras do mercado e das necessidades dos clientes. Por vezes lançam-se produtos bons, do ponto de vista de quem produz, mas que nada têm a ver com ás necessidades do cliente.

Enquanto isso, no interior das organizações as pessoas não se sentem liberadas para a simples troca de ideias, de informações, de sugestões.

A integração da gestão não é apenas uma ação que se restringe aos processos de governança. Vai muito além: é uma ação de desenvolvimento.

Nos mais importantes momentos da História da Humanidade, em que se deram grandes passos inovadores, como as invenções dos teares e da máquina a vapor, já havia sido instalada a liberdade de pensar. O mesmo havia ocorrido no tempo das navegações e da Renascença, por exemplo.

Para vivermos os saudáveis tempos de inovações tecnológicas que incrementem a competitividade das empresas, será necessário criar, previamente, uma cultura de integração e de sinergia. Uma cultura de livre conectividade entre as pessoas, quaisquer que sejam os diversos papéis que elas exerçam e que continuarão exercendo.

Uma conectividade que liberte o pensamento e permita que se troquem ideias e que se transmitam sugestões, indagações e críticas (inclusive, e principalmente, as que vêm dos clientes ou de outros *stakeholders*), de forma a que se aproveitem todos os processos da dinâmica do pensar e do conhecimento.

Tudo isto implica, necessariamente, na integração de esforços das áreas de pesquisa e desenvolvimento com as áreas de marketing e vendas, de modo a assegurar que o produto a ser lançado atenda às necessidades e expectativas do mercado desde a fase inicial do seu *design* até sua entrega ao cliente.

A propósito, artigo publicado pela *Bussiness Week* intitulado *Hot Products* relata alguns casos de sucesso de vendas obtidos a partir do desenvolvimento do produto em estreito contato com o consumidor. Cita, como exemplo, alguns *cases* clássicos, como o do barbeador Sensor da Gillete e o do tênis Pump da Reebock.

A Gillete, após anos de desenvolvimento da tecnologia do Sensor, um cartucho de lâminas flutuantes soldadas a raio laser, ficou em dúvida se deveria desenhar seu cabo em plástico descartável ou em aparelho sólido, não descartável. Ao consultar o consumidor, constatou a preferência por aparelho sólido, mais compatível com a tecnologia avançada do produto. Daí resultou a solução do cabo prateado metálico do Sensor, na época um enorme sucesso de vendas.

A Reebok, com uma consultoria de *design*, conseguiu aumentar o conforto e a funcionalidade de seu tênis, transferindo para o produto a tecnologia de tala inflável, usada pelos hospitais, tornando o calçado mais confortável e protegido contra lesões traumáticas. Outro *case* de sucesso de vendas: o tênis Pump.

No Brasil podemos registrar exemplos de empresas que desenvolvem seus produtos em conformidade com as necessidades explicitadas por seus clientes, como no caso da Marcopolo, que fabrica carrocerias e interiores de ônibus de acordo com as especificações do comprador. A Fiat lançou o programa *Fiat online*, possibilitando aos clientes a escolha do modelo, da cor e dos acessórios do automóvel.

Resulta desse enfoque no mercado e no cliente uma vantagem competitiva, ensejando redução de estoques e otimização de custos.

Entretanto, nos vários exemplos aqui relatados e em muitos outros a interação e a integração entre pessoas e equipes de áreas diversas foi essencial para que os criadores de soluções identificassem os caminhos a seguir, pois tomaram mais consciência das necessidades e das preferências de seus clientes.

3.2 Foco na Gestão de Pessoas

Seria difícil imaginar a satisfação de clientes dissociada da satisfação de empregados. Toda empresa que almeja alcançar níveis de excelência no atendimento aos seus clientes terá que dispor, necessariamente, de uma força de trabalho integrada, motivada, capacitada e comprometida com os resultados do negócio.

As empresas que adotam estratégias de Qualidade Total passam a dar maior ênfase ao gerenciamento de seus recursos humanos, investindo maciçamente em programas de treinamento e desenvolvimento, remuneração e benefícios.

Contudo, não será exagerado reafirmar que as preocupações com a satisfação e a motivação de empregados são relativamente recentes. Durante o período da Revolução Industrial, o empregado era visto como mero recurso produtivo, ao lado das máquinas e das matérias-primas.

O uso do ser humano como peça da engrenagem gerou movimentos importantes. A denúncia marxista, com toda a racionalidade que o filósofo emprestou ao indignado ressentimento dos humilhados e ofendidos, desencadeou uma oposição ao modo de produção industrial que, afinal, denunciava o conteúdo filosófico como mecanicismo.

Historicamente, também, está registrada a denúncia do espírito cristão na encíclica *Rerum Novarum*. Com um século de antecedência, a denúncia de Leão XIII estava pronta para ser ouvida novamente nos tempos em que vivemos. Desde então o mecanicismo vem sendo contestado não somente no seio das oposições nascidas de conceitos marxistas ou cristãos, mas também de outros redutos do Humanismo.

Antes mesmo da Primeira Guerra Mundial, e no intervalo até a segunda conflagração, estudos teóricos foram desenvolvidos sobre a chamada "administração científica", e disseminaram-se em todo o mundo industrializado os movimentos operários que se estruturaram em sindicatos, inclusive os de forte inspiração marxista.

Certamente, as vantagens econômico-sociais decorrentes da novidade industrial foram um avanço expressivo. No Ocidente, após dolorosas lutas sociais que incluíram massacres como o de Chicago, houve, afinal, uma evolução nas relações de trabalho.

A partir de Frederick Taylor, no início do último século, o homem passou a ser valorizado – porém, com o objetivo exclusivo de aumentar sua produtividade por meio da racionalização de tarefas. Ainda por influência de Taylor viria a ocorrer a excessiva especialização de funções, com lamentável subutilização do talento humano.

O foco em aspectos comportamentais e motivacionais no trabalho começou com Elton Mayo, psicólogo social, a partir de pesquisas realizadas por ele com grupos de trabalho na fábrica da Western Electric, em Chicago. Após as pesquisas de Mayo sucederam-se outros estudiosos voltados para o comportamento humano no trabalho.

Dentre os psicólogos organizacionais que cuidaram desse tema, destacaram-se Douglas McGregor, Abraham Maslow e Frederic Hezberg.

As teorias motivacionais desenvolvidas por esses autores são claras ao apontar que a satisfação do empregado decorre do atendimento de suas necessidades básicas, também chamadas de necessidades higiênicas, como ambiente físico de trabalho, salário e segurança no emprego. Todavia, satisfeitas tais necessidades, elas deixam de motivar.

Para que se mantenha um alto nível de motivação, a empresa terá que atender também às necessidades de ordem superior, ligadas às expectativas de autorrealização e crescimento profissional.

Essas teorias promoveram alterações importantes nas relações de trabalho e, consequentemente, na forma de gestão dos recursos humanos nas empresas.

Segundo aponta McGregor, a tarefa primária das organizações consiste em criar condições para que cada indivíduo possa liberar seu potencial e melhor atingir suas metas, dirigindo seus esforços ao alcance dos objetivos do negócio.

Por outro lado, Hezberg ressalta a necessidade de enriquecimento das tarefas como forma de estimular a motivação e a criatividade das pessoas.

Finalmente, Maslow aponta para a hierarquia das motivações. Sua classificação das necessidades motivacionais por ordem de importância serviu par demonstrar que o indivíduo está sempre à procura de novos desafios. Uma necessidade atendida deixa de motivar – daí por que a manutenção de altos índices de motivação constitui-se em enorme tarefa para os gestores do negócio.

Vista sob a ótica da Qualidade, as relações entre chefes e subordinados sofreram um processo de enorme mudança. Os empregados passaram a ser cada vez mais envolvidos nos objetivos do negócio, recebendo maior delegação para aprimorar seus processos de trabalho de forma a atender seus clientes internos e, principalmente, seus clientes externos.

Do que foi dito até aqui, conclui-se que a adoção dos princípios da Qualidade Total ensejou a aplicação das teorias motivacionais de McGregor, Hezberg, Maslow e Crosby, posto que promovem entre empresa e empregados uma relação de respeito e mútua confiança, com pleno uso de seus talentos e de suas potencialidades.

Contudo, não obstante a benéfica influência desses autores, as relações de trabalho em muitas empresas passam, até hoje, por um processo de gerenciamento de estilo paternalista e autocrático. Sob esse prisma, os indivíduos são administrados de forma ambígua, com um misto de afabilidade e dureza – ou seja, com temor reverencial e tapinha nas costas. Manda quem pode, obedece quem tem juízo.

Promovem-se festas, churrascos, almoços de confraternização, como forma de integração social. No entanto, a integração social não é suficiente se não for acompanhada pela integração funcional das diversas áreas da empresa.

Ao estilo paternalista e autoritário contrapõe-se o estilo gerencial aberto e participativo, com crescentes envolvimento e comprometimento das pessoas com os objetivos do negócio.

Nesse contexto, os gerentes assumem a tarefa de facilitadores, orientando, monitorando e reconhecendo os trabalhos das pessoas ou dos grupos, bem como provendo recursos necessários ao alcance de suas metas.

Todo esse clima de participação e envolvimento, com ampla sinergia entre as diversas áreas da organização, reflete na satisfação dos clientes e, consequentemente nos resultados do negócio.

3.3 Foco na Organização e nos Processos de Trabalho

No Modelo de Gestão Integrada, as organizações que adotam a Qualidade Total como princípio básico do negócio colocam o cliente no topo de sua pirâmide, de tal forma que todos os componentes trabalham focados na sua satisfação e fidelidade.

Para tanto, as diversas áreas passam a trabalhar de forma interativa e integrada, ao contrário do que ocorre com as organizações burocráticas, voltadas exclusivamente para os acionistas. Nestas, os resultados são perseguidos a curtíssimo prazo, prevalecendo o gerenciamento por objetivos, de forma verticalizada.

Esse modelo gerencial acaba gerando, conforme frisamos, competições internas com objetivos conflitantes, perda de sinergia e velocidade e, portanto, de produtividade e de competitividade.

Outra característica comumente encontrada nesse tipo de organização reside na criação de excessivos níveis hierárquicos. Tal situação provoca grande distanciamento entre a direção da empresa e seus clientes, além de limitar o campo de atuação de seus empregados, com consequente subutilização de seus talentos e habilidades. Outro aspecto diz respeito à centralização do poder decisório, com pouca delegação de autoridade aos gerentes da linha de frente, mais próximos dos clientes e, portanto, em condições de mais bem entender e atender suas necessidades.

O excesso de mecanismos de controles impostos pela áreas funcionais das matrizes acaba gerando muita burocracia, inibindo e retardando decisões, em prejuízo, principalmente, dos interesses dos clientes.

Como assinala Alvin Toffler em sua obra, *Sobrevivência na Aurora do Terceiro Milênio*: "As companhias da era industrial tinham como característica organogramas semelhantes: eram piramidais, monolíticas e burocráticas. Os mercados e tecnologias e as necessidades do consumidor de hoje mudam com tanta rapidez e exercem pressões tão variadas sobre a firma que a uniformidade burocrática está acabando. Está aberta à procura por formas de organização totalmente Novas" (Editora Record, 2. ed., l994).

Outro efeito colateral trazido por esse modelo é o agravamento dos custos da administração verticalizada, custos estes que acabam repassados para o consumidor final de seus produtos ou serviços.

Como destaca Francisco Gomes de Matos em seu livro *Estratégia de Empresa:* "A gestão não participativa, concentradora das decisões, leva à frustração e à apatia e, fatalmente, à queda de responsabilidade"(Obra citada, Ed. Makron Books, 1993).

Ao contrário, nas organizações com modelo integrado de gestão as áreas funcionais trabalham com sinergia, simplificando seus processos de trabalho e delegando mais autoridade e responsabilidade aos gerentes operacionais, bem como para aqueles que se encontram mais próximos do cliente. Consequentemente, trabalham para eliminar a burocracia e reduzir o custo operacional da empresa, em benefício de seus clientes e dos acionistas.

Em resumo, o modelo de Gestão Integrada do Negócio enseja:

- Estrutura leve, ágil, desburocratizada, voltada para o cliente;
- Empregados treinados, motivados e comprometidos com os objetivos do negócio;
- Estilo gerencial transparente e participativo, com amplo envolvimento dos empregados nas decisões que afetam suas atividades;
- Amplas interação, integração e cooperação entre as áreas funcionais;
- Simplificação e melhoria contínua dos processos de trabalho e consequente redução dos custos operacionais.

O foco na melhoria contínua dos processos geradores de produtos e serviços, via interação entre as áreas, traz reflexos positivos nos custos operacionais, com significativa melhoria da produtividade e da competitividade.

Caberá a cada um dos diversos componentes da organização identificar os processos críticos por meio dos quais serão atingidos seus objetivos, passíveis de melhoria contínua.

Há sempre oportunidades de melhoria de qualidade em vários desses processos, dentre eles o de planejamento estratégico, processos de revisão e análise de resultados, bem como aqueles mais operacionais, como faturamento e cobrança, logística e distribuição ou equipamentos e, não menos importante, processos de comunicação aberta e permanente com os clientes.

Cabe destacar as diferenças básicas entre melhoria de processos e reengenharia de processos.

A melhoria de processos consiste em aperfeiçoar ou simplificar processos existentes ou até mesmo em eliminar tarefas, com vistas ao aumento de produtividade.

A reengenharia, por sua vez, vai muito além disso, ensejando não somente a melhoria de processos, mas em muitos casos sua eliminação ou substituição por outros mais eficazes.

Um bom exemplo de reengenharia é o da Wal-Mart, que alterou substancialmente seu processo de reposição de estoques, interligando sistemas de informação entre suas lojas e seus fornecedores. Os sistemas interligados propiciaram sensível redução de custos, com grande aumento da competitividade de seus produtos.

Desses esforços de melhoria contínua é que surgiram processos como o *just-in-time*, destinado a agilizar os fluxos de produção com redução e otimização de estoques, hoje adotado por grandes corporações no mundo inteiro.

4. Utilização dos Processos de Melhoria da Qualidade e de Gestão da Informação

❖

O Modelo de Gestão Integrada preconiza a utilização de ferramentas para a melhoria da qualidade dos seus processos e produtos, por meio de metodologias utilizadas para esse fim.

Dentre eles, destacamos os seguintes:

4.1 Processo de Solução de Problemas

Trata-se de processo utilizado para identificar problemas, suas causas e tomada de ações corretivas.

É muito comum nas organizações, e até mesmo em nosso quotidiano, buscar soluções sem definir claramente qual o problema que se deseja resolver. Com frequência atacam-se os sintomas e não as causas dos problemas. Ou seja, combate-se a dor de cabeça com aspirina e não suas causas.

A falta de um processo ou de uma metodologia para identificação e solução de problemas pode gerar ações ou decisões inadequadas, com impactos negativos para o negócio.

O gráfico a seguir (Figura 2) descreve a metodologia utilizada para a solução de problemas, em suas diferentes etapas, a saber:

a) Identificação e definição do problema:
Por meio de discussões em grupo, utilizando técnicas de *brain storm*, e com base em levantamento de dados, chega-se à identificação e à definição do problema.

b) Análise do problema e de suas causas:
Novamente, por meio de discussões em grupo definem-se as possíveis causas geradoras do problema, que podem estar relacionadas a pessoas, recursos, processos, dentre outras.

c) Gerar solução ou soluções para resolver o problema, por meio de consenso do grupo.

d) Seleção e planejamento da solução.

e) Implementação das soluções selecionadas.

f) Monitoramento e avaliação das soluções implementadas.

O uso dessa metodologia evita que se adotem soluções sem a clara definição do problema ou de suas causas, fato que ocorre com frequência nas empresas, em decorrência de pressões do dia a dia.

É de suma importância o levantamento e a análise de todas as informações e dados que ajudem na identificação e na definição do problema, utilizando-se diagramas de causa e efeito, gráficos de Pareto, dentre outras ferramentas. Essa é uma etapa crítica do processo. A falta de uma definição clara do problema gera falsas soluções e custos de não conformidade.

Figura 2 – Metodologia para solução de problemas.

4.2 Processo de Melhoria de Qualidade

Trata-se de processo em que interagem as diversas áreas da organização, como clientes e fornecedores internos de produtos ou serviços, sempre focando a satisfação do cliente externo.

A Figura 3 ilustra as etapas do processo, a saber:

1. Identificação do serviço ou produto a ser entregue.
2. Identificação do cliente para aquele serviço ou produto.
3. Definição das necessidades do cliente.
4. Tradução das necessidades do cliente em especificações do fornecedor.
5. Organização dos processos de trabalho para o atendimento do cliente.
6. Determinação dos fatores de medição.
7. Aferição da capacidade do processo.
8. Avaliação do resultado.
9. Reciclagem.

Vale ressaltar uma vez mais a importância do trabalho em grupo e da interação entre as áreas clientes e fornecedoras da organização, para assegurar a correta aplicação desses processos e ferramentas.

A qualidade final do produto, vista da percepção do cliente, vai depender de todo um processo de interações entre as pessoas das áreas integrantes do processo produtivo.

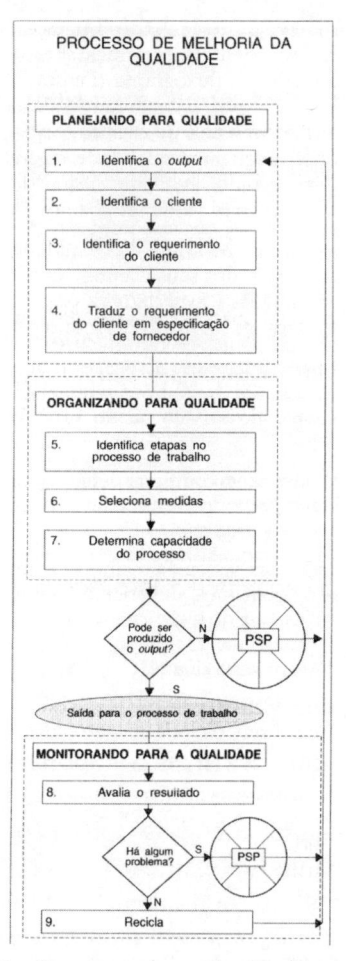

Figura 3 – Processo de melhoria da qualidade.

4.3 Habilidades Interativas

O homem tem duas orelhas e uma boca, mas fala mais que ouve. Nossa incapacidade de ouvir o outro com empatia tem gerado conflitos, incompreensões e desgastes desnecessários. Isso acontece nas empresas e nas melhores famílias.

No ambiente das empresas, o uso das habilidades interativas é diário, permanente. Para que tal uso seja exercido com eficácia, alguns tipos de comportamentos entre pessoas ou grupos podem ser assim esquematizados:

a) Iniciadores: consubstanciados através de proposta inicial para o assunto que se quer debater.
b) Reatores: as propostas colocadas para discussão são objeto de comportamentos reatores, tais como concordância, apoio, discordância, defesa ou ataque. Para que gerem uma atmosfera positiva, devem ter foco no problema ou na proposta colocada, sem gerar situações de confronto entre pessoas.
c) Esclarecedores: são aqueles que contribuem para a elucidação das questões em discussão. Consistem, basicamente, em dar informações, testar entendimento, resumir o que está sendo debatido e resolvido.

Algumas habilidades interativas são fundamentais para a condução de um processo de negociação ou para a condução de reuniões de maneira produtiva e efetiva. Dentre elas destacamos: participar, saber ouvir, buscar consenso, respeito às pessoas, abertura e exposição. Algumas inabilidades devem ser evitadas, como ataques pessoais, conversas paralelas, agendas ocultas.

Recomendamos treinamento específico para o desenvolvimento dessas habilidades, essenciais para o bom relacionamento entre pessoas e grupos que interagem na organização, seja em atividades de planejamento ou de processos decisórios.

4.4 Pesquisas das Melhores Práticas Gerenciais (*Benchmark*)

Não há outra forma de medir a eficácia de processos, produtos, serviços ou clima organizacional a não ser pesquisando as melhores práticas do mercado. Por meio delas as empresas podem identificar oportunidades de melhoria, aperfeiçoar a qualidade de seus processos, produtos e serviços, melhorar o clima organizacional e, portanto, os resultados do seu negócio.

4.5 Gestão da Informação

A tempestade de informações que assolam as organizações decorre do fato de que, em muitos casos, não há um processo ordenado e estruturado de gestão da informação.

Além disso, criam-se inúmeros parâmetros que geram uma infinidade de relatórios que nada acrescentam ou contribuem para a eficácia do negócio.

De repente parece que o mundo tomou conhecimento de uma realidade antes não percebida. Parece evidente que o desenvolvimento de novas tecnologias da informação, de uma hora para outra, despertou a necessidade de absorver e utilizar um volume formidável de dados e de conhecimento.

O que antes nos chegava em doses homeopáticas, absorvível na medida de nossas limitações físicas e intelectuais, hoje nos atropela e nos confunde.

A internet colocou dentro das casas e do ambiente de trabalho todo tipo de informação. Tudo à nossa disposição, bastando um simples clicar para se ter acesso a uma avalanche de informações.

Este cenário, inimaginável há uma década, confunde o ser humano, atordoado com a tarefa de selecionar o que precisa saber. É justamente dessa perplexidade que nasce o conceito de Gestão do Conhecimento, que se bem absorvido e utilizado pode gerar importantes vantagens competitivas nas organizações.

Para uma eficaz gestão da informação, recomenda-se a definição clara de poucos indicadores-chaves de desempenho, passíveis de aferição periódica e sistemática, essenciais para o alcance das metas e dos objetivos da empresa.

São os chamados *vital few*, dentre os quais destacamos os índices de satisfação de clientes, níveis de satisfação e motivação dos empregados e resultados financeiros.

A gestão eficaz da informação, centrada na aferição dos indicadores de desempenho, enseja oportunidades de correção de rumos e de adoção de medidas corretivas, bem como a tomada de decisões críticas para o sucesso do negócio.

5. Gestão Integrada e Conectividade

❖

Durante muito tempo, como vimos, foi usual considerar as pessoas como peças de engrenagem dentro do processo produtivo. Por outro lado, como acentuamos à exaustão, o cliente não era visto como parceiro, relegado a segundo plano, até que se promoveu, por força das circunstâncias, sua redescoberta como fator crítico de sucesso. Podemos afirmar que o mesmo ocorreu com relação aos fornecedores e acionistas e à comunidade.

Os principais atores desse processo não se comunicavam adequadamente, não se conectavam, com evidentes prejuízos aos resultados do negócio.

A Gestão do Negócio de forma Integrada fez com que as organizações que passaram a adotar esse modelo interagissem de forma eficaz e produtiva, como verdadeiros organismos que são, nos quais um órgão estabelece relação de interdependência com outro.

Modernamente, podemos definir essa malha de interação da mesma forma que enxergamos a conectividade, seja do ponto de vista das pessoas, da organização, das diversas áreas funcionais, do mercado, e, até mesmo, da comunidade.

5.1 Conectividade Pessoal

Uma pessoa, a partir do momento em que nasce, interage cada vez mais com o meio em que passa a viver. Entra em contato direto com uma série de outras pessoas, elementos, ideias e objetos com os quais se ligava, até então, de maneira indireta, enquanto habitava o ventre materno. Em outros momentos, ao longo da vida, a mesma pessoa passa a exercer diferentes papéis.

No exercício de cada papel as pessoas encontram-se frente a um conjunto especial de interfaces – isto é, um conjunto de exigências de conectividade.

Uma pessoa adulta tem que exercer papéis típicos das relações pessoais, familiares e profissionais. Aprende a perceber a necessidade de ter outros contatos e identifica as ligações que compõem a malha da vida.

Descobrir ou compreender nossos diferentes papéis implica em exercitar as diferentes dimensões de nossa inteligência, fazendo-a fluir através dos laços que nos ligam às pessoas com as quais entramos em contato. Não há como desenvolver a potencialidade da nossa inteligência senão pela interação com outras inteligências.

Essa interação consiste no trabalho de integrar recursos, pessoas, soluções. Trata-se de trabalho indelegavelmente humano. Afinal, ainda não inventaram a vontade virtual, a simpatia eletrônica ou a preferência eletiva por controle remoto. A conectividade humana não consiste senão da compatibilidade na relação de troca entre pessoas, cada uma oferecendo à outra o conjunto de suas potencialidades, que também incluem sentimento e razão.

Paradoxalmente, encontramos nas empresas, e mesmo no cotidiano, pessoas e áreas que não se conectam, embora até as máquinas já se falem. Este, sem dúvida, é um dos maiores desperdícios que podem ocorrer nas organizações, com consequente perda dos muitos dividendos que o capital humano pode render. Afinal, as pessoas são contratadas para que coloquem à disposição da organização suas habilidades e seus conhecimentos. Cada pessoa poderá ampliar seu potencial quando sentir que de fato participa de uma organização na qual se pode conhecer mais, aprendendo em conjunto com outras pessoas das diversas áreas funcionais.

As empresas que forem capazes de criar um ambiente interativo e de por em prática a gestão do conhecimento estarão procurando potencializar sua capacidade de agregar valor para os clientes, os empregados e os acionistas.

Para vivermos os saudáveis tempos de inovações tecnológicas que incrementam a competitividade das empresas será necessário criar uma cultura de agregação e sinergia – uma cultura de livre conectividade entre as pessoas, quaisquer que sejam os papéis que elas exerçam na organização.

5.2 Conectividade Funcional

Há fortunas sendo aplicadas nas mais sofisticadas redes digitais dentro das organizações, mas o uso de tais investimentos nem de longe tem sido proveitoso. Isto porque os usuários de tais recursos pouco interagem, não sabem o que as outras pessoas de outras áreas fazem e, por vezes, entram em conflito umas com as outras.

Este quadro é típico de organizações que se verticalizam em áreas funcionais, direcionadas por suas casas matrizes. Tais conflitos vão se multiplicando, desperdiçando o potencial de soluções que as tecnologias de informação oferecem, e gerando altos custos de não conformidade.

Se as áreas funcionam como ilhas, é preciso conectá-las. Do contrário, os tais conflitos podem gerar rupturas. A interdependência entre o estômago e fígado exige pouca observação para que se torne evidente. Por mais que usem, digam e repitam a palavra organização, esquecem sua origem etimológica que, segundo o mestre Houaiss, significa "parte de um organismo, composta por elementos celulares que interagem fisiologicamente e que desempenham uma ou mais funções específicas".

Como é muito comum conviver com organizações em que as áreas funcionais não estão conectadas, muito menos as pessoas, é preciso fazer algum esforço para caminhar para relações de interdependência. Este esforço lógico e sistemático, visto em sua concepção mais precisa, vai conferir ao conjunto da empresa as conectividades que faltam para evitar que ele não se desagregue, tanto do ponto de vista humano, funcional, como organizacional. O risco, portanto, é a desagregação das equipes e, quem sabe, do próprio negócio.

A ideia e o conceito de conectividade funcional tem tudo a ver com a relação entre o cliente e fornecedor interno, com as interações que ocorrem entre as diversas áreas no cotidiano das empresas.

Exemplificando: o RH presta serviços à área de Sistemas, mas ao mesmo tempo dela recebe serviços que facilitam o suporte a outras áreas da organização.

É essencial que as pessoas tomem consciência de que, de uma forma direta ou indireta, há interfaces entre elas. O importante é descobrir o cliente e o fornecedor interno, conhecer o grau de interdependência entre eles e da verdadeira malha de relações que ocorrem entre eles, com vistas, claro, à satisfação do cliente externo. É este o significado do processo de gestão do negócio, da gestão integrada.

5.3 Conectividade Organizacional

Das conectividades até aqui comentadas, certamente a que mais afeta a empresa em relação aos seus empregados, clientes, fornecedores e acionistas é a organizacional. Isto porque se a organização não estiver integrada em torno da sua missão e com objetivos centrados em sua visão de longo prazo, torna-se muito difícil, ou quase impossível, a gestão eficaz do negocio.

A organização tem que estar conectada com seus empregados: saber o que pensam, o que esperam da empresa, o que a empresa espera deles. O mesmo deve ser dito com relação aos clientes, fornecedores e acionistas. Estar antenada com tudo isso é de fundamental importância para o sucesso e até mesmo para sua sobrevivência.

Conectividade vem de conexo. O conectivo, na análise sintática, sempre tem a função de ligar um termo ao outro. A conectividade que se encontra nos equipamentos eletrônicos digitais diz respeito à capacidade de unir um equipamento a outros na mesma rede. É no *link* da conectividade que reside o que se convencionou chamar de interface. Se não houver um *plug* entre dois equipamentos, não vai passar nem energia nem mensagem. E se no interior desses equipamentos não houver inteligência instalada, não vai acontecer comunicação entre eles. Nem energia, nem mensagem, nem mesmo o essencial: a informação. O mesmo pode ser dito com relação à conectividade entre a organização e seus *stakeholders*.

Para tanto, torna-se imperiosa a criação de canais de comunicação abertos, com todos esses atores, seja através de contatos diários, através de canais formais de comunicação ou pesquisas periódicas de opinião.

Por último, e não menos importante: a organização tem que estar conectada com a comunidade onde atua, para, a partir daí, poder exercer suas obrigações inerentes à sua cidadania corporativa.

5.4 Conectividade Social

O que é preciso dizer sobre a relação entre conectividade e responsabilidade social da empresa parte da constatação de que algo precisa ser feito para a construção de uma sociedade mais fraterna, mais humana, mais inclusiva. Não há nada de novo nesta constatação. O que há de novo é que antes esse discurso era considerado "coisa de padre", e hoje vem gradativamente sendo assumido pelas empresas como parte do exercício de sua cidadania.

Vivemos em um país no qual mais de 55 milhões de pessoas estão abaixo da linha da pobreza; portamos uma enorme dívida social. E somos nós que contribuímos para que assim permaneçam. Nossa indiferença é criminosa e agressiva. Ainda bem que há recentes esforços governamentais de enfrentamento da miséria. Esses esforços têm se mostrado importantes e eficazes. Sociedade, pessoas, governo e empresas não podem estar indiferentes a esta realidade. Têm que estar conectadas.

Já houve uma mudança na sociedade com a organização do terceiro setor, que emprega dinheiro advindo do setor privado para preencher as muitas lacunas do setor público. E, no contexto dessa mudança, o discurso do pensamento social e cristão a propósito da fraternidade e da inclusão social encontra eco.

Dentro das empresas este discurso era considerado ridículo, porque só se pensava em lucro. Hoje as empresas sabem que pertencem a uma comunidade humana e que não podem ignorar os pontos de conexão com os diversos membros dessa comunidade.

A responsabilidade social da empresa cidadã pode ter como ponto de partida sua inserção em sua missão e visão. A empresa cidadã não deve centrar seus esforços somente na relação com seus clientes e empregados, mas também com fornecedores, órgãos do governo e meios de comunicação, para que possa exercer de forma integral sua responsabilidade social. Estão em jogo as preferências de clientes por empresas que têm efetiva presença social e a opinião de *stakeholders*, que mantêm atenção sobre essas realidades e sabem quem age eficazmente nesse campo. Há pesquisas que atestam a preferência do público em relação a empresas que exercem suas responsabilidades sociais e ambientais.

Outra relação importante de interdependência se dá com o meio ambiente e diz respeito ao presente e ao futuro do nosso planeta, respeitando a natureza e incorporando aos seus processos produtivos as melhores práticas de preservação ambiental.

A ideia originária de sustentabilidade focava este tema. Obviamente, se há uma expectativa de perenidade da empresa, ela não pode menosprezar o risco de esgotamento das fontes de matérias-primas ou dos recursos do meio ambiente dos quais ela depende.

Esta é uma das razões que motivam as empresas a incluir o tema em suas chamadas responsabilidades socioambientais

Para dar conta das muitas relações de interdependência de que participa, a empresa deve também privilegiar, em sua atuação social, o incentivo à pesquisa e à educação, fundamentais para o desenvolvimento das pessoas e do País. Esta é a base do conjunto de conceitos denominado *sustentabilidade*.

6. Gestão Integrada na Empresa Familiar

❖

6.1 A Empresa Familiar no Mundo

Muito se tem debatido sobre o que é, de fato, uma empresa familiar. Afinal pelo menos 50% das maiores empresas do mundo estão, comprovadamente, sob controle familiar.

Equivocadamente, costuma-se associar à expressão empresa familiar apenas a ideia de organização de pequeno porte, microempresa. A verdade é que muitas das grandes corporações internacionais estão, de alguma maneira, controladas por famílias ou grupo de famílias e não por um grande universo de acionistas detendo parcelas ínfimas do capital social.

A Wal Mart, a Ford e a Cargil são exemplos de corporações americanas de controle familiar. E tanto na Europa quanto na Ásia, existem inúmeros conglomerados industriais cujo controle está nas mãos de uma, ou no máximo de duas famílias.

Evidente que a existência de controladores de perfil familiar cria, para essas organizações, um caráter bastante especial que torna sua gestão muito peculiar, marcadamente distinta do modelo que costumamos encontrar nos casos em que a participação acionária é pulverizada entre centenas e milhares de investidores, a imensa maioria deles, oculta, incógnita.

Mas dentro do propósito deste livro, nos ocuparemos especificamente das empresas familiares de porte médio e pequeno, justamente aquelas que representam mais de 94% do universo empresarial brasileiro. Nosso foco se justifica porque é exatamente nesse segmento que está mais evidente a falta de um adequado modelo de gestão.

Como ponto de partida para caracterizar mais precisamente o ponto do foco deste livro, utilizaremos uma das classificações para este fim adotadas pelo IBGE. Ali são consideradas empresas de porte médio aquelas que possuem de 100 a 500 empregados, e pequenas e micro, as que empregam menos de 100 pessoas. Existem outros critérios, igualmente válidos, como o que classifica as organizações em razão do seu faturamento. Mas qualquer que seja o parâmetro utilizado, no Brasil acabaremos sempre tratando como "pequenas e médias empresas familiares aquelas que ocupem menos de 500 pessoas e que tenham um faturamento anual abaixo de 200 milhões de reais".

Um estudo bastante minucioso, levado a efeito entre 2005 e 2006 pelos pesquisadores da Prosperare Consultores, indica que 54% dessas organizações estavam, na época, nas mãos da primeira geração, e apenas 9% já eram controladas pela terceira geração da mesma família. Isto parece demonstrar que, ao longo do tempo, o controle empresarial vai sendo transferido para outras famílias, quase sempre porque problemas de transição de uma geração para outra não puderam ser adequadamente processados.

Outro lado interessante dessa pesquisa é o quadro relativo à idade das empresas familiares brasileiras, mostrando que apenas 2% delas são centenárias, enquanto 76% têm idade inferior a 50 anos.

Sempre se poderá argumentar que empreendedorismo é um fenômeno relativamente recente entre nós, como consequência de, até a década de 1950, o Brasil ter sido uma nação pouco industrializada, a atividade comercial incipiente e desconectada dos modernos conceitos de relação com o mercado e ainda exibindo uma atividade agropecuária de baixa produtividade, sem organização empresarial.

Éramos, até então, uma nação de funcionários públicos, moldada, influenciada e dirigida segundo critérios e padrões do serviço burocrático estatal e, salvo pouquíssimas e honrosas exceções, um país onde o gerenciamento eficaz de uma organização ainda era praticamente desconhecido.

Mas isto não invalida a afirmação de que, desde sempre, o grande motor do desenvolvimento brasileiro, junto com o aparelho do Estado, foi e continua a ser o empreendimento familiar. Bem ou mal administradas, as organizações de controle familiar ainda respondem por apreciável parcela do nosso PIB e empregavam, em 2007, cerca de 75% de toda a mão de obra brasileira.

Exatamente por esta razão, entidades como o MBC, a Fundação Nacional de Qualidade (FNQ) e o SEBRAE têm dedicado esforços muito grandes no sentido de tornar mais profissional e efetiva a gestão das pequenas e médias organizações.

A propósito, vale mencionar estudos que o SEBRAE desenvolveu a partir de 1985, avaliando, a cada ano, as razões do fracasso de tantos empreendimentos, cuja taxa de mortalidade se mantém estável, registrando o desaparecimento de sete em cada dez negócios. A causa, em 82% dos casos, é a falta de um adequado modelo de gestão do negócio. Com frequência, os empreendedores gastam todo o capital na montagem do negócio e passam a operar sem capital de giro. O endividamento que se segue é fatal para os pequenos empreendimentos.

Equívocos no planejamento, incapacidade para prever custos operacionais, má-definição de mercado-alvo e seleção imprópria de produtos e serviços a serem oferecidos, falta de controle de despesas e do inventário, má-seleção de mão de obra, excesso de despesas com equipamentos – a lista é longa e remete à inexistência de um processo gerencial voltado para as realidades do negócio.

Os relatórios do SEBRAE desqualificam totalmente as alegações vagas de o fracasso dos pequenos empreendedores estar ligado a uma crise econômica que, curiosamente, ninguém se dá ao trabalho de definir corretamente.

É correto, portanto, dizer que uma empresa familiar precisa nascer da forma certa para ter o direito de sobreviver e prosperar. Nascer da maneira certa significa ser iniciada com base em planejamento adequado que antecipe os principais fatores críticos de sucesso e direcione os empreendedores para a montagem realista do negócio, sem se deixarem levar pelos devaneios e pelos sonhos irresponsáveis.

Sobreviver e prosperar ficam então na inteira dependência de uma gestão profissional que estabeleça, defina caminhos, acompanhe resultados, identifique a necessidade e a oportunidade de correção de rumos e implemente ações corretivas, na hora e nos locais certos.

No fundo, nada diferente do processo de gestão de qualquer negócio, de qualquer porte, em qualquer ramo de atividade.

Os pequenos empreendedores, com bastante frequência, imaginam que bons processos gerenciais são necessários apenas para grandes empresas. Este é um erro fatal. Gestão de qualidade é fator decisivo de sucesso para qualquer negócio.

Mas é inegável que o gerenciamento de uma empresa familiar envolve dificuldades específicas que, muito seguramente, não estão presentes em outras organizações cujos controladores não possuem nenhum vínculo familiar entre si.

Os Atores

Correndo o risco de cair no terreno da obviedade inútil, temos, ainda assim, que deixar bem claro que na criação e na gestão de uma empresa familiar estão na FAMÍLIA os atores essenciais que levarão o negócio a um bom destino ou ao mais retumbante fracasso. É importante que se insista no ponto de que os laços familiares são completamente distintos daqueles que porventura possam existir entre outros tipos de acionistas que se propõem a montar um novo empreendimento ou gerenciar um negócio já existente.

Para ilustrar essa situação, imaginemos uma pequena empresa que acaba de ser criada por cinco sócios, um senhor de meia-idade e seu filho de 45 anos, dois jovens irmãos na faixa de 30 anos de idade, sobrinhos desse acionista mais maduro e um velho amigo da família, com fama de grande conhecedor dos meandros da gestão financeira. Digamos que o acionista mais velho detenha 42% das cotas; seu filho fica com 10% e os dois irmãos com 15% cada um. O quinto sócio, não integrante da família, entrou com 18% do capital.

Já dá para notar que pai e filho possuem, pelo menos em tese, o controle do negócio (juntos, detêm 52% das cotas). Isto, por si só, em muitos casos, já serviria para potencializar futuros conflitos.

Compliquemos um pouco mais o cenário. Digamos que o tal senhor que trouxe seu filho para a sociedade tem duas filhas com profissões liberais definidas e que não puderam ou não quiseram associar-se a esse novo negócio. Mas filhas e herdeiras do principal cotista são, legal e definitivamente, interessadas nesse patrimônio.

E imaginemos também que os dois rapazes que fazem parte da sociedade são filhos de mãe viúva, irmã do seu tio e principal cotista da nova empresa. Essa senhora, logicamente, tem interesse no empreendimento onde seus dois filhos são sócios.

Ao abrir o negócio, o senhor de idade tornou-se sócio-diretor geral; seu filho ocupa o posto de gerente comercial; um dos dois irmãos é gerente administrativo, e o outro é gerente industrial. O outro sócio, o tal *expert* em finanças, logicamente assumiu a gerência financeira.

Importante, a essa altura, ressaltar que em uma empresa familiar as pessoas podem ser classificadas de forma distinta, dependendo do grau de envolvimento com a gestão do negócio. A nova empresa começa então a funcionar e, a partir desse momento, cada um desses atores passa a desempenhar um ou mais papéis diferentes.

O senhor de mais idade, seu filho e os dois rapazes são, ao mesmo tempo, membros da família, sócios e executivos. As duas jovens, filhas do maior acionista, e a mãe dos dois rapazes são integrantes da família mas não são sócias nem executivas. O especialista em finanças não é membro da família, mas é sócio executivo.

Todos, logicamente, possuem algum interesse na sociedade, seja de natureza gerencial, seja de natureza patrimonial, ou ambas. Mas os que ocupam cargos executivos vivem uma situação muito peculiar originada no fato de que são, dependendo do momento, patrões ou empregados.

Metas acabam de ser estabelecidas, por exemplo, para a área comercial. Foi o conjunto dos sócios, reunidos em forma de conselho de acionistas, que definiu essas metas. Mas a obrigação de cumpri-las cai, primordialmente, nos ombros do filho do principal cotista, justamente aquele que ocupa o cargo de gerente comercial. Ocorre, no entanto, que essa pessoa, que terá agora que prestar contas aos demais sócios, para todos os efeitos como empregado da sociedade, no momento do estabelecimento das metas agia como sócio e não como executivo.

Para, de uma vez por todas, embrulhar a situação, vamos imaginar que esse rapaz não se desempenhe a contento na posição de gerente comercial e, passado algum tempo, a maioria dos sócios esteja convencida de que ele precisa ser substituído. Como reagiria o pai instado a demitir seu próprio filho? Pode até tirá-lo do cargo e, em casos extremos, até forçá-lo a ceder suas cotas, mas nunca o demitirá da condição de filho. Por certo sofrerá pressões terríveis vindas de sua esposa e de suas filhas, inconformadas com o que acreditam ser uma "conspiração invejosa" para afastar da sociedade um gerente tão competente.

O desenvolvimento dessa historinha poderia comportar incontáveis desdobramentos, mas pelo que já foi exposto, acreditamos, dá de sobra para que se aquilate o grau de complicação existente nas relações entre sócios de uma empresa de controle familiar.

O quadro, até certo ponto tenebroso, que acabamos de descrever, tomará contornos ainda mais dramáticos se a empresa já estiver na segunda geração. Nessa altura, os interessados no desempenho e no patrimônio da empresa já se contarão às dezenas, pais, filhos, netos, tios, sobrinhos, noras, genros, ex-maridos, ex-esposas, enteados, sabe Deus quantos mais atores julgando-se com direitos ameaçados e tratando de fazer valer seus intentos e preferências.

Se, ainda, por cima, faltar à empresa um adequado modelo de gestão, o caminho para sua dissolução estará mais que pavimentado.

Os Diferentes Momentos da Empresa Familiar

Praticamente em 100% dos casos um pequeno negócio de natureza familiar começa com o envolvimento direto dos acionistas, ou da maior parte deles, no gerenciamento das operações. E não poderia ser diferente, já que, no início de suas atividades, as sociedades de pequeno porte não teriam capacidade financeira para pagar executivos profissionais contratados para, em nome dos acionistas, encarregarem-se na gestão do negócio.

Desde que tenham perfeita consciência dos diferentes papéis que exercerão, os sócios poderão perfeitamente ocupar os cargos gerenciais. Porém, deve-se insistir, suas atividades não deverão ter início até que um criterioso planejamento de negócio tenha sido elaborado.

Ninguém está sugerindo que um pequeno empreendimento contrate uma consultoria de nível internacional para fazer seu planejamento. Isso não teria qualquer cabimento, nem faz a menor falta, já que o SEBRAE oferece inúmeros processos bastante simples e que envolvem custos bem acessíveis para que o planejamento seja levado a cabo.

Importante mencionar que a imensa maioria dos fracassos de pequenos empreendimentos no Brasil deve-se ao fato de que os sócios negligenciaram tal exercício de planejamento, que pode ser feito com a utilização de processos comprovadamente eficazes e adaptados às condições e à realidade brasileiras.

O mapa da rota preconizado pelo SEBRAE incorpora todos os principais elementos do chamado Modelo de Gestão de Excelência adotado pela Fundação Prêmio Nacional de Qualidade, adaptado à pequena empresa, de maneira bastante simples, sem as sofisticações exigidas pelas grandes organizações.

Compondo a espinha dorsal desse processo de planejamento inicial figura a definição de natureza, mercado, porte e alcance do negócio que se vai iniciar, o levantamento dos recursos financeiros, técnicos e humanos que serão necessários, uma projeção realista de receita, custos, despesas e capital de giro, bem como o papel que cada sócio desempenhará.

O passo seguinte é a definição dos programas de treinamento e qualificação de mão de obra necessários e a elaboração de um plano para sua implementação.

Mas esse processo de preparação para a nova e desafiante empreitada deve necessariamente incluir a garantia de que os acionistas/gestores sejam capazes de definir objetivos, indicadores de desempenho e de medir resultados, tomando ações que corrigirão os desvios ou otimizarão os acertos.

Existem à disposição dos nossos pequenos empreendedores verdadeiros manuais de operações para que conduzam com mais segurança os negócios que estão iniciando. Além do SEBRAE, o SENAC desponta como fornecedor confiável de roteiros simples para realizar essas tarefas.

Como já dito, este é, geralmente, o "primeiro momento" da nascente empresa, com os sócios tocando o negócio diretamente. Vamos então imaginar que esses sócios-gestores, tendo vencido a barreira dos primeiros três ou quatro anos, mantiveram-se acima da linha d'água, fazendo o negócio prosperar e crescer. Começa então uma nova etapa, tão difícil quanto a anterior, porém existem aí experiências práticas de outras empresas semelhantes para serem pesquisadas e usadas dentro daquele princípio sadio de que não se deve reinventar a roda.

Nesse "segundo momento", estando a empresa em ritmo de crescimento e de prosperidade, o grande risco já não está nos sócios que tocam o negócio com competência. A ameaça vem dos demais membros da família que, imaginando ser muito fácil e simples a tarefa de conduzir uma organização no caminho do sucesso, se tornarão exigentes de benesses e mordomias, como se fossem direitos adquiridos. Como eles só veem o aumento patrimonial e, em consequência, passam a desfrutar de uma vida mais folgada, muitas vezes acabam por imaginar que "dinheiro nasce em árvore".

Não raro, as famílias cedem à tentação: empregar na próspera organização todos os pimpolhos que se recusam a trabalhar para gerar seu próprio sustento.

Há incontáveis exemplos de empresas familiares onde essa garotada foi colocada em postos importantes, sem um mínimo de competência gerencial, apenas para ficar bem na foto.

Jovens sem formação acadêmica adequada e sem preparo para gestão empresarial acabam sentados em salas luxuosas, atendidos por secretárias cheias de glamour, dirigindo carros importados e recebendo salários que, por seus próprios méritos, jamais receberiam.

É justamente nesse ponto que se saberá se a empresa familiar vai em frente ou desvia direto para a sepultura. Nessa altura, é preciso que alguém, com autoridade e capacidade de comando, articule e implemente uma verdadeira revolução interna, devolvendo para o aconchego do lar todos aqueles que nada têm a agregar à organização.

Muito comumente, nas organizações de controle familiar que passam por essa situação, a solução acaba sendo a retirada de todos os gestores membros das famílias controladoras, substituídos por executivos profissionais que, nessas circunstâncias, já podem ser contratados sem que isto estoure o caixa da empresa.

Cada família que possua cotas do negócio elege então um Conselho de Acionistas. A partir daí, precisa ser introduzida uma regra essencial: os cotistas passarão a receber apenas dividendos e não salários, normalmente rotulados de *pro-labore*.

Ao concentrar seus ingressos unicamente no recebimento de dividendos, os acionistas desenvolvem uma cultura completamente nova, tornando mais seletiva e profissional a definição das prioridades da empresa.

No bojo desse reposicionamento do processo de gestão, os controladores são forçados a voltar suas atenções para as questões estratégicas e delegar aos executivos, de forma clara e indiscutível, as responsabilidades pela condução do dia a dia da empresa.

São riquíssimas e encorajadoras as experiências de organizações que adotaram essa verdadeira guinada profissional. Invariavelmente, acontece um formidável amadurecimento organizacional, modificando para melhor desde o Conselho de Acionistas até os escalões mais baixos das empresas. Essa revolução de processos de gestão, feita de maneira ordenada e consistente, dentro dos critérios e da orientação dos acionistas, sem dúvida levará o empreendimento ao sucesso.

O Conselho, por sua vez, precisa entender de forma clara suas responsabilidades e realizar, antes de mais nada, uma boa reflexão sobre qual destino querem remeter a organização, quais os valores e prioridades que presidirão essa caminhada e qual o foco estratégico que se afigura como mais crítico para garantir uma fornada de sucesso. Além disso, é imperioso que os controladores tratem, antes de mais nada, da estrutura organizacional do Conselho de Acionistas. Reuniões regulares com calendário e agenda predefinidos, objetividade nas discussões e relevância de temas a debater, com espaço de tempo reservado para que os executivos prestem contas aos acionistas dos resultados alcançados em comparação com as metas estabelecidas.

Trata-se aqui de um processo de aprendizado gradual, e é recomendável que os controladores contratem a assessoria de especialista na formatação de processos e na condução de reuniões desse tipo.

O curioso é que, na maioria dos casos, essa etapa coincide com a transição dos fundadores para a próxima geração. Pesquisas feitas no Brasil e em muitos países mostram que essa passagem de comando envolve riscos inimagináveis para a sobrevivência da empresa familiar.

Se a opção é transferir o controle da empresa para a descendência dos fundadores, as modificações estruturais comentadas são um fator crítico de sucesso.

Avançar para a próxima etapa sem o cuidado de preparar a organização para o novo e mais difícil capítulo de sua vida é garantia quase certa de problemas muito grandes.

Tendo passado, sem grandes arranhões, por esse "segundo momento", a empresa, já a essa altura não tão pequena assim, deve concentrar esforços no sentido de preservar não apenas os novos processos gerenciais estabelecidos, mas especialmente o aprimoramento do Conselho de Acionistas, que continuará a ser a garantia de um curso firme na direção dos rumos almejados.

No "terceiro momento", tendo a organização já internalizado bons e eficazes processos de gestão, é importante que se cuide da maneira como ocorrerá a sucessão do Conselho de Acionistas. Com base em experiências de êxitos vividas em muitas organizações, pode-se afirmar que um bom caminho, mas não o único, seria a criação, por cada uma das famílias, de *mini-holdings* familiares, empresas cujos objetivos são indicar, periodicamente, aqueles que, em seu nome, terão assento no Conselho de Acionistas e, além de facilitar a manutenção de uma ligação estreita entre controladores, convergindo suas prioridades e interesses em uma direção que contribua sempre para o fortalecimento do negócio.

É possível dizer, quase sem medo de errar, que as providências sugeridas como essenciais para o "terceiro momento" representam um passaporte visado para o crescimento sustentado daquela que nasceu, anos atrás, com um modesto empreendimento de alguns poucos visionários.

6.2 Perfil Gerencial da Empresa Familiar

Pelas várias razões expostas, as empresas familiares são inegavelmente mais difíceis de gerenciar que as demais, sobretudo pela dificuldade que seus acionistas têm de conciliar o seu papel com o de administrador do negócio.

Conforme vimos, entrega da gestão do dia a dia a uma equipe de profissionais qualificados, sem os membros da família, parece ser o caminho mais saudável para o sucesso do negócio.

Na prática isto nem sempre ocorre, sendo frequentes os conflitos entre executivos e acionistas que se atropelam dentro da empresa, diluindo autoridade e responsabilidade, provocando confusão entre os empregados, com impactos negativos para o negócio.

No Brasil, algumas empresas com essas características optaram por manter os acionistas apenas em um Conselho de natureza estratégica, sem interferência na gestão do dia a dia, a cargo dos executivos contratados.

Não imagine, contudo, que isto significa afastar os acionistas das principais decisões. Muito pelo contrário: eles retêm, como membros do Conselho, todo o poder para determinar os rumos da empresa e estabelecer metas para o corpo gerencial, cobrando resultados com regularidade e com o uso de processos eficazes para esse fim.

Esta fórmula, de certa forma, contraria a natureza e a prática da empresa familiar brasileira, onde geralmente predomina o estilo autocrático e centralizador de seus controladores, sem uma adequada atribuição de autoridade e responsabilidade.

Isso acarreta enorme frustração entre os executivos contratados a peso de ouro, que não conseguem gerir a empresa por constantes interferências familiares, renunciando aos seus cargos.

A falta de um modelo de gestão acaba por gerar "feudos" entre os próprios donos da empresa, cada qual no comando da sua "zona de influência". Isso tem acontecido em algumas empresas familiares de grande porte, como resultado de uma grande disputa do poder entre os herdeiros.

Outro fator perturbador da gestão eficaz nas empresas familiares é o nepotismo, com superposição entre as linhas hierárquicas e as relações de parentesco. De um modo geral, as empresas familiares não dispõem de ferramentas de gestão e de governança, muito menos de um planejamento estratégico de sucessão que assegure a continuidade e o sucesso sustentável do negócio.

A preocupação com a sucessão e continuidade do negócio ocorre somente em momentos de crise, em que a família ainda não se deu conta dos desafios ligados à perenidade do empreendimento.

6.3 Gestão Integrada do Negócio na Empresa Familiar

O Modelo de Gestão Integrada deve ocorrer no momento em que a empresa se conscientiza da conveniência de separar a administração do negócio da gestão do seu patrimônio e da necessidade de definir claramente os papéis dos acionista e dos gestores.

O êxito do negócio das empresas familiares pode ocorrer principalmente da observância das seguintes etapas do planejamento estratégico do negócio:

- Formulação, no momento próprio, do Planejamento Estratégico da Empresa e do Patrimônio Familiar;
- Definição de Missão, Princípios e Valores;
- Entendimento e clara separação dos papéis de Acionista e Gestor;
- Adoção de processo corretamente estruturado para a Governança do negócio;
- Profissionalização da gestão do negócio.

A adoção do Modelo de Gestão Integrada em empresas familiares tem início no momento da definição da Opção ou da Visão Estratégica adotadas, seguidas da definição de metas e objetivos prioritários, quantificados e mensuráveis, resultados esperados, responsabilidades, prazos de execução e indicadores de desempenho.

Segue-se a esse exercício a comunicação a todos os níveis da organização, de forma a comprometer todos os seus integrantes. Trata-se aqui de um processo de mudança gradual, sendo recomendável que os controladores contratem a assessoria de um profissional especialista para a implementação desse modelo de gestão, que centra, dentre outros fatores, aqueles considerados absolutamente críticos para o sucesso do negócio, a saber:

- Satisfação e Fidelidade dos Clientes.
- Satisfação e motivação de empregados.
- Gestão de processos.
- Satisfação dos acionistas (resultados financeiros).
- Responsabilidade Social e Ambiental.

Em resumo, a Gestão das empresas familiares de médio ou pequeno porte podem reger-se pelos mesmos princípios observados pelas corporações de grande porte, feitas as adaptações e simplificações necessárias.

Cabe aos seus dirigentes evitar o amadorismo: a intuição deve ser sempre fortalecida pela correta aplicação do modelo gerencial escolhido, e a Gestão Empresarial deve estar sempre separada da Gestão do Patrimônio Familiar.

7. Gestão Integrada do Negócio e Inovação

❖

A inovação é o grande discurso do momento. Será por algum tempo o mais importante dos apelos de autores e gestores. Mais que um discurso, é um real desafio. Vamos viver os próximos anos anunciando tanto a necessidade de inovar quanto os resultados dos esforços dos criadores de soluções, normalmente geradas em Centros de Pesquisa e Desenvolvimento (P&D). Os apelos, entretanto, serão muito fortes para os gestores, em todos os níveis.

Há uma tendência de os gestores serem refratários a soluções inovadoras. É bem verdade que muitas são as pessoas, em muitas organizações, que valorizam e respeitam o incrível trabalho de inventores, pesquisadores (engenheiros, geólogos, médicos, biólogos, químicos, sanitaristas e muitos outros) além de encontrar novos caminhos e reconceber tecnologias, identificando resultados importantes para a vida das pessoas e acrescentando patentes e lucros novos aos balanços das organizações.

Lastimável, entretanto, é quando na cúpula da empresa haja alguém que "discorda da linha adotada, no caso...". É quando a "invenção" não corresponde às expectativas ou fantasias ou do CEO ou de um ou mais dos dirigentes maiores, ou ainda de um grupo que se caracteriza por insistir em uma determinada "escola".

Diz-se, em algumas organizações (especialmente naquelas marcadas pela eventual prepotência dos que se pensam "semideuses"), que qualquer projeto inovador, qualquer invenção, precisará de um "patrocinador potente" que a defenda das resistências que poderá encontrar.

Esta é uma realidade que nos faz enfatizar a diferença entre invenção e inovação. O gênio criador de um cientista pesquisador, ou de um profissional interessado em soluções, ou mesmo de uma pessoa que prestou atenção a uma queixa de cliente, vai buscar a "fórmula" para resolver o problema. Ou "bolando" uma solução ou discutindo com os que podem agregar ideias em sua formulação.

Mesmo descobrindo o "caminho das pedras", é possível que tenha que arrostar debates e divergências de quem, por alguma razão, não tenha gostado do resultado imediato, em indiscutível prejuízo para a organização inteira.

Outro tipo de embate diz respeito aos diferentes pontos de vista das diversas subculturas internas que continuam isoladas e se baseiam em argumentos os mais variados, decorrentes de suas "posições teóricas" e de suas convicções, ainda que acabem por causar prejuízos a seus acionistas.

A inovação é importante quando se completa no conjunto de interfaces, provocando a criação inventiva a partir da queixa ouvida atentamente – venha de onde vier –, conectando-se a colaboração de quem experimenta com a de quem avalia os prováveis ganhos em lucros, em reputação ou no volume de vendas, ou ainda no *market share*.

Inovação pode ser ainda a inspirada invenção do gênio criativo que, apoiada por outras pessoas ou por outras áreas, passa por uma bateria de inquirições, sugestões e aprendizagens, validando-se com o processo interativo sua verdadeira e completa utilidade. Inovação de um processo a serviço de um produto novo recentemente inventado, por exemplo.

Há uma série de processos que interagem, se complementam e se integram até que um invento seja patenteado e faça parte da pauta de produtos de uma organização onde se desenvolve a inovação como regra de vida, como desafio interno total.

São conhecidos, também, casos de centros ou unidades de P&D que, embora habitados por geniais criadores e conquistadores de patentes, acabaram em ruínas pelo desentrosamento com os grandes *decision makers* ou com apenas um deles.

Vale, uma vez mais, recordar o surpreendente fenômeno do *recall* de produtos de fábricas e marcas renomadas. Devido ao isolamento entre as culturas internas, acabam tornando-se necessários, ainda que tragam custos adicionais e, pior ainda, os riscos de desgastes na imagem/reputação, ou do produto ou do fabricante, além de outras perdas graves para uma marca vitoriosa. Sabe-se de muitos casos, explicitados na mídia, de acidentes fatais que originaram operações de *recall*.

A Inovação há de ser, em qualquer organização, um estado de espírito, um compromisso, generalizado e integrado, das pessoas e das diversas áreas. Executivos, gerentes, pesquisadores, técnicos, supervisores e os demais empregados estarão conscientes de seu vínculo com determinada inovação. Ainda que nem todos tenham sido os criadores da proposta de invenção, mesmo não sendo autores, todos, de alguma forma, são ou sentem-se corresponsáveis. Algo que em outros ambientes de trabalho poderia ser traduzido com a expressão "assino embaixo".

Em certos casos será necessário inovar, nem que seja somente a partir da premência de tempo de inventar soluções ou produtos novos. Uma empresa com líderes atentos e de boa-fé aproveitará a afortunada oportunidade para instalar a inovação.

Uma das inovações poderá ser, exatamente, um novo processo de gestão, com novas regras e práticas de trocas internas de informação e avaliação entre as áreas ditas "mais técnicas" e as outras áreas tidas como "menos técnicas".

Pode ser o compromisso de gerar uma metodologia de "escuta atenta" e de "liberdade para pensar e perguntar", integrando as áreas a partir da aprendizagem das pessoas. Coisa, aliás, que até já existe, mas é desconsiderada em momentos de assumir, principalmente, os compromissos mais graves e mais relevantes. É mais difícil sentir-se "coautor" de um produto obsoleto.

Em momentos como os tempos que vivemos, é possível fazer das crises e de seus desafios oportunidades de inovar. Muita gente está pensando que inovar é só gerar inventos... e suas patentes.

É sim, também. Mas não apenas isto! É possível, até, gerar inventos excelentes e, depois, é possível também perder os privilégios das patentes, por simples decurso de prazo. Isto não é fato absolutamente inédito. Há relatos sobre isto. Vários. Lastimáveis!

A verdadeira inovação poderá resultar, afinal, em invenções e suas patentes. Um novo processo de gestão integrada, entretanto, criará o ambiente para geração de inovações no convívio, na quebra das barreiras, na atenção especial que se precisa dar a alguns segmentos da organização tidos ou supostamente tratados como "aqueles meros vendedores" ou "aquele pessoal das concessionárias". É preciso parar de ter por base um desnecessário e distorcido conjunto de preconceitos, como os que existem em alguns lugares.

Queixas, indicações ou sugestões de clientes que por diversas razões vinham sendo "barradas" ao longo do caminho acabavam não chegando até os "templos do saber" habitados, tradicionalmente, por "sábios inventores", supostamente distantes ou isolados.

O pior é que na maioria das vezes as tais pessoas tratadas como "sábios" isolados sentem-se (e o são, de fato) pessoas normais que, mesmo com o brilho de sua inteligência criativa e de seu conquistado saber, dispõem-se, com facilidade, a trocar ideias com as outras pessoas da empresa.

Algumas práticas tradicionais é que as isolaram. Algo assim como caracterizar o "grupo dos sábios" como um dos feudos, para ajudar a validar a existência dos outros feudos (departamentos que foram condenados a serem compartimentos).

É claro que urge criar patentes. É urgente que tenhamos invenções. Elas alteram substancialmente a economia das empresas e em consequência a economia nacional, mas não são suficientes para todas as mudanças necessárias ao enfrentamento das crises, ainda que algumas das tais patentes cheguem ao mercado surpreendendo pelos incríveis novos resultados que oferecem aos clientes.

É chegada a hora de refletir e decidir sobre o verdadeiro significado do tal conceito embutido no ideograma chinês, que informa o fato de a palavra "crise" ser composta das ideias de "ameaça" e de "oportunidade". A maior de todas as ameaças é somente inventar, sem que se aproveite a oportunidade para inovar. Inovar nos processos administrativos, nos processos produtivos e na gestão integrada.

Inovar é conviver proveitosamente com a malha de relações de interdependência que caracteriza a organicidade de uma empresa, especialmente de uma empresa que se defronta com um mundo de realidades que se renovam, muitas vezes através de fatos surpreendentes, quando não assustadores.

Além da característica dos tempos de inovação a que são impelidas as empresas, há várias outras "novidades" com as quais todas as organizações precisam conviver ou devem praticar internamente.

Vale lembrar que com o término da Guerra Fria eclodiu o fenômeno da nova globalização. E, de maneira muito rápida, as decisões, os conceitos e as reflexões que já vinham sendo debatidos e considerados importantes em ambientes como a Organização Internacional do Trabalho (OIT), o Clube de Roma e a União Internacional do Patronato Cristão (UNIAPAC) acabaram sendo reiteradas com mais ênfase no ambiente acadêmico e no mundo intelectual, chegando, afinal, ao ambiente dos negócios e das empresas, gerando oportunidades de revitalização a partir das grandes inovações geradas.

Vieram a ser conhecidas, consideradas e aceitas muitas ideias antes nem mencionadas em empresas multinacionais e, principalmente, em empresas nacionais que mantinham características de culturas organizacionais autodenominadas de "conservadoras" e identificadas pelas eventuais "oposições" ou pelos concorrentes como reacionárias.

Em verdade, o novo foco na competitividade passou a ser o grande lampejo que propiciou a modernização, inclusive dos espíritos. Ficou claro que fechadas e desagregadas por organogramas pesados e que isolam as áreas, tais organizações não resistiriam aos novos tempos.

Enquanto ocorriam os debates e as novidades foram surgindo no âmbito das instituições – em grande parte as europeias – citadas anteriormente, e quando a Gestão Integrada do Negócio se desenvolvia, principalmente a partir da grande inovação da Qualidade Total, conforme nos referimos antes, novos conceitos foram chegando para ficar.

São, hoje, conceitos consagrados e já traduzidos em normas gerenciais e procedimentos administrativos essenciais à gestão estratégica das organizações (as ideias de sustentabilidade, o conceito de *stakeholders* e a noção de reputação, por exemplo, além dos conceitos incluídos no conjunto denominado de "responsabilidade social", ou mais recentemente, os conhecidos como de "responsabilidade soioambiental).

O surgimento de tais conceitos e de outros que integram, hoje, o mundo da gestão, significou, em si, muitos fenômenos de inovação, alcançando o âmago das organizações de maneira definitiva.

Não se pode mais vivenciar o ambiente das organizações, sejam elas públicas, privadas, de grande, médio ou pequeno porte, sem a consciência da tão falada e proclamada visão sistêmica – muito mais falada que compreendida. A noção de sistêmica está fundamentalmente ligada à noção de vida, de organicidade, vista até mesmo na significação biológica. Afinal, desde sempre se quis dizer isto quando se falou de organizações, organogramas, organismos.

Definitivamente, não se pode mais admitir que as organizações sejam tratadas como blocos de concreto armado, como partes independentes e isoladas de mecanismos que, como tais, interagem de maneira apenas mecânica.

Há que entender a era da inovação de maneira mais correta: muito há que inovar e muito se vai inovar quando for realizada uma revisão completa no sentido, no significado e no uso da palavra organização.

Esta inovação é o passo inicial. É o começo do que vai poder mudar, do que precisa mudar para o novo, para ser o nascedouro de um tempo de inovação e o caminho, o percurso das inovações que se seguirão, recheadas (ou não) de muitas novas invenções e, quando for o caso, de suas patentes.

A matriz das invenções a serem patenteadas e a serem adotadas no mercado como produtos recordistas em vendas e que vão conquistar a preferência do público consumidor é uma organização saudável. Saudável significa com saúde, com a mais fluida e franca circulação do sangue e das energias internas de um ser vivo. Saudável significa um organismo sem tromboses nem quaisquer tipos de entupimentos no fluxo das percepções e das informações sobre elas. Um compartimento isolado é como um braço sem qualquer circulação de sangue, vida ou energia. As mutilações e as amputações aplicam-se a esses casos. Lamentáveis, porem inevitáveis.

A verdadeira matriz, a fonte do fenômeno da inovação, será uma organização revitalizada pelo reconhecimento da existência de pessoas capazes de se conectar às potencialidades criativas de uns e outros, para vender, para criar soluções e ouvir os clientes.

A organização inovadora e renovada será aquela na qual cada pessoa transmitirá pelos canais internos as informações sobre como o mercado vem recebendo e percebendo os produtos ou os serviços que lhes são oferecidos.

A inovação vista assim será a essência da renovada capacidade competitiva. Não basta inventar soluções novas ou produtos ou processos novos que não garantam o uso comercial do registro das patentes que serão adotadas e aplicadas. Já vimos isto antes.

Ao falarmos de inovação estamos dizendo que é preciso cuidar da continuidade da organização saudável, daquela que vai conseguir sobreviver e crescer, mantendo ou ampliando sua competitividade.

Na prática, uma das principais características do Modelo de Gestão Integrada reside na delegação de responsabilidade e autoridade para as pessoas ou grupos da organização. Esse ambiente de *empowerment* estimula a inovação e a criatividade em todos os níveis, gerando soluções que surpreendem e até superam as expectativas dos clientes e do mercado.

Criam-se, então, condições para o que se convencionou chamar de intraempreendedorismo nas organizações, com amplo envolvimento e participação dos empregados de todas as áreas nas decisões que afetam suas atividades ou processos de trabalho, sempre com o objetivo de satisfazer o cliente e atender às necessidades do mercado.

Essa forma de envolvimento e participação teve sua origem remota nos Círculos de Controle de Qualidade, amplamente disseminados no Japão do pós-guerra como forma de assegurar a melhoria contínua da qualidade de produtos e serviços inovadores, como forma de retomada de sua competitividade no mercado.

Os Círculos de Controle de Qualidade eram integrados por grupos de empregados que, usando técnicas de *brainstorm* e de busca de consenso, com base em fatos e dados estatísticos, chegaram à identificação e à solução de problemas que afetavam suas atividades e seus processos de trabalho.

Esse movimento, por sua vez, deu origem à formação de Grupos Autogerenciáveis, com poderes para tomar decisões em assuntos que afetam suas atividades.

Mas, afinal, o que são os Grupos Autogerenciáveis e quais as fronteiras estabelecidas para sua atuação?

Antes de mais nada, é preciso lembrar que nas organizações tradicionais que não adotam o Modelo de Gestão Integrada, os níveis hierárquicos sobrepõem-se de tal forma que as decisões que afetam a satisfação do cliente, além de lentas, nem sempre são as mais apropriadas, dada a distância entre a pessoa que decide e o cliente que recebe um produto ou serviço. Daí por que as empresas vêm reduzindo seus níveis hierárquicos, conferindo maiores poderes de decisão àqueles mais próximos do cliente.

Dentro desse contexto, um grupo autogerenciável nada mais é que um grupo de pessoas treinadas e habilitadas para resolver assuntos que impactem suas atividades, propondo soluções para a melhoria contínua de seus processos de trabalho, sempre com foco no atendimento das necessidades e expectativa dos clientes, internos ou externos.

Este ambiente, propício à criatividade e à inovação, pressupõe uma redefinição de papéis das chefias e de seus subordinados, como será visto a seguir.

Em primeiro lugar, devemos acentuar que este é um processo de mão dupla, no qual gerentes e empregados têm papéis definidos e agem em regime de parceria. Estamos falando, nesse passo, em gerência participativa, de mudança da cultura.

DOIS SENTIDOS DO PROCESSO:

- O Gerente deve criar um ambiente propício para o *empowerment*
- Os empregados devem assumir propriedade e autoridade para tomarem decisões

GERENTE

Gerência Participativa

O gerente cria um ambiente para o *empowerment*:

- Cria a visão
- Negocia "fronteiras"
- Dá informação
- Disponibiliza recursos
- Ensina e treina

EMPREGADOS

Envolvimento do Empregado

Os empregados assumem responsabilidade, propriedade e autoridade para tomar decisões e aperfeiçoar o trabalho.

Quadro 1 – Cultura organizacional.

A aparente perda de autoridade e de responsabilidade do gerente é vantajosamente suprida por um papel muito mais enobrecedor, que consiste em assumir uma postura de facilitador, treinador e motivador de equipes. Estas, por sua vez, passam a ter maior liberdade de ação, com ampla abertura para soluções criativas e inovadoras, em benefício dos clientes.

O Gerente, neste ambiente, estimula o risco e a tomada de decisões, cria as condições necessárias, aceita erros, dá *feedback*, reconhece e recompensa trabalhos bem feitos, ouve os empregados e administra conflitos.

Os membros do grupo, por seu turno, participam ativamente das decisões do gerente, assumem riscos, criam mudanças, assumem a responsabilidade e a autoridade para tomar decisões que impactem favoravelmente a satisfação dos clientes (Quadros 2 e 3).

COMPORTAMENTOS PERTINENTES A UM AMBIENTE AUTOGERENCIADO

COMPORTAMENTOS DO GERENTE

- Delega responsabilidade, autoridade e trabalho
- Estabelece um sistema de gerenciamento participativo
- Expande a tomada de decisão a um grupo mais amplo
- Identifica e esclarece os objetivos comuns
- Esclarece as expectativas e os papeis de todos os empregados
- Demonstra flexibilidade na aplicação da liderança situacional
- Cria um ambiente seguro para assumir riscos
- Aceita os próprios erros e os dos outros
- Dá, recebe e pede *feedback*
- Elogia seu próprio trabalho e o dos outros
- Apoia verbalmente as atitudes e as idéias das outras pessoas
- Propicia discussões abertas e francas
- Ouve ativamente os outros
- Demonstra habilidade para solução eficaz de conflitos

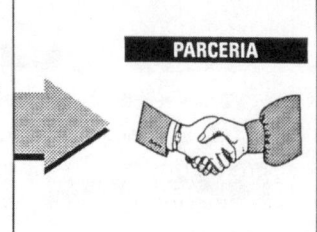

PARCERIA

Quadro 2

COMPORTAMENTOS PERTINENTES A UM AMBIENTE AUTOGERENCIADO

PARCERIA

COMPORTAMENTOS DOS MEMBROS DO GRUPO

- Aceita a responsabilidade, autoridade e trabalho
- Participa ativamente nas decisões dos gerentes
- Ajuda as outras pessoas a garantir a execução das tarefas
- Esclarece as expectativas e os papéis de todos os membros do grupo
- Demonstra entusiasmo e aceitação de idéias e experiências novas
- Valoriza e cria mudanças
- Assume riscos - tenta novos comportamentos e experiências
- Aceita os próprios erros e os dos outros
- Dá, recebe e pede *feedback*
- Elogia seu próprio trabalho e o dos outros
- Apoia verbalmente as atitudes e as ideias das outras pessoas
- Propicia discussões abertas e francas
- Ouve ativamente os outros
- Demonstra habilidade para solução eficaz de conflitos

Quadro 3

Como bem ensina Paul Hersey em seu livro *Teoria e Técnicas da Liderança Situacional*, as decisões são tomadas tendo em conta diferentes situações e níveis de maturidade e habilidade de um determinado grupo. Quanto maior for o nível de habilidade e conhecimento, maior seu poder de decidir. O inverso também ocorre, pois dependendo da menor presença desses fatores o grupo não se sentirá confiante em tomar determinados tipos de decisão, cabendo ao chefe, nessas circunstâncias, assumir a direção dos trabalhos ou responder a consultas e ajudá-los na busca de consenso.

Em alguns casos emergenciais em que não haja tempo para a decisão de consenso, o chefe assume a responsabilidade para solucionar o problema, explicando ao grupo as razões que o levaram a agir daquela maneira (Quadro 4).

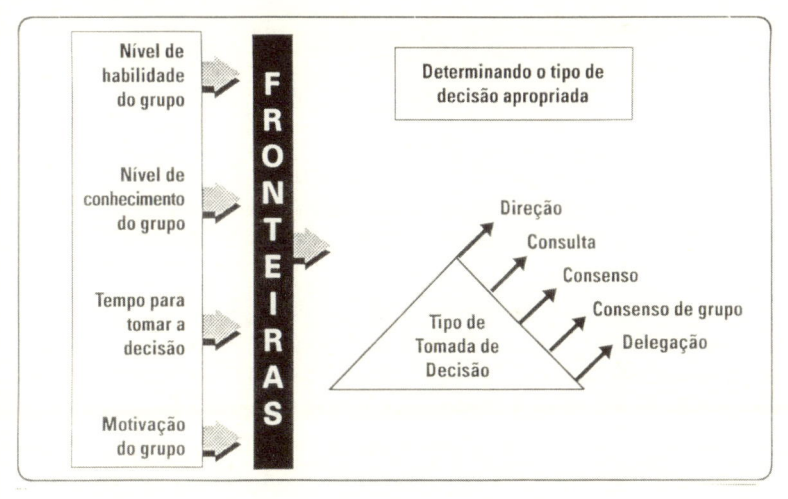

Quadro 4

É necessário enfatizar que a criação de tais grupos, sem a adequada preparação do clima e da cultura gerencial, pode resultar em verdadeiro desastre, com sérios impactos no moral dos empregados e na satisfação dos clientes. Isso implica em criar estruturas e processos que assegurem este ambiente participativo e comportamental (Quadro 5).

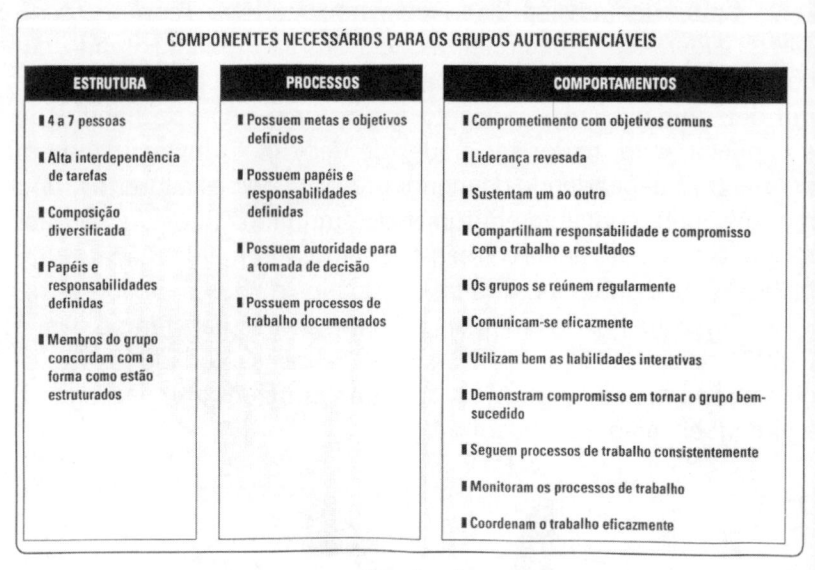

COMPONENTES NECESSÁRIOS PARA OS GRUPOS AUTOGERENCIÁVEIS		
ESTRUTURA	**PROCESSOS**	**COMPORTAMENTOS**
■ 4 a 7 pessoas ■ Alta interdependência de tarefas ■ Composição diversificada ■ Papéis e responsabilidades definidas ■ Membros do grupo concordam com a forma como estão estruturados	■ Possuem metas e objetivos definidos ■ Possuem papéis e responsabilidades definidas ■ Possuem autoridade para a tomada de decisão ■ Possuem processos de trabalho documentados	■ Comprometimento com objetivos comuns ■ Liderança revesada ■ Sustentam um ao outro ■ Compartilham responsabilidade e compromisso com o trabalho e resultados ■ Os grupos se reúnem regularmente ■ Comunicam-se eficazmente ■ Utilizam bem as habilidades interativas ■ Demonstram compromisso em tornar o grupo bem-sucedido ■ Seguem processos de trabalho consistentemente ■ Monitoram os processos de trabalho ■ Coordenam o trabalho eficazmente

Quadro 5

(Quadros de 1 a 5, ilustrativos do tema Grupos Gerenciáveis numa Estratégia de Qualidade, Programa de Desenvolvimento Gerencial do SENAC, 1998)

As organizações que adotam o empreendedorismo como parte de sua cultura estimulam a criatividade e a inovação por meio do *empowerment*, ou seja, da ampla delegação de autoridade e responsabilidade a seus empregados, em todos os níveis.

A estrutura de organização de tais empresas é leve, despojada de níveis hierárquicos e extremamente focada do mercado e nas necessidades e expectativas de seus clientes.

Ao contrário das grandes e tradicionais corporações, em que a cúpula encontra-se distante do cliente, nas organizações empreendedoras e inovadoras o processo de desenvolvimento do produto até sua chegada ao mercado é rápido, sem o contágio das burocracias internas.

Oportuno lembrar, nesse momento, exemplos de algumas invenções que não chegaram ao mercado em tempo hábil, em virtude da falta de integração das diversas áreas do processo produtivo, em especial entre os centros de pesquisa e desenvolvimento e as áreas de marketing e vendas em suas organizações.

Exemplo clássico é o da Xerox Corporation, na qual os produtos, naquela época inovadores, desenvolvidos em seu Centro de Pesquisas em Palo Alto, na Califórnia, como o mouse, o fax, o computador pessoal, a intranet (que originou a internet), não chegaram a ser comercializados.

Em contrapartida, empreendimentos inovadores e bem-sucedidos, como os da Apple, Microsoft, Google, Facebook, alguns criados "no fundo de quintal", floresceram e multiplicaram suas participações nos mercados graças à sua cultura de empreendedorismo e de *emporwerment*, bem como à integração entre as diversas áreas do negócio.

8. Foco em Resultados

No Modelo de Gestão Integrada é de suma importância o foco nos resultados, por meio do monitoramento dos indicadores-chaves de desempenho, definidos previamente por ocasião do estabelecimento de metas e objetivos de curto, médio e longo prazos como parte do planejamento estratégico da empresa.

Definidas as grandes metas e objetivos estratégicos, segue-se o processo de escolha dos indicadores de desempenho. Estes deverão ser claros, mensuráveis e contemplar variáveis que estejam direta ou indiretamente sob controle das áreas responsáveis pelos resultados a serem alcançados.

Nos modelos de Gestão Integrada focados na Qualidade Total, os principais indicadores-chaves de desempenho, objeto de monitoramento contínuo, são:

- Níveis de satisfação e lealdade de clientes.
- Níveis de satisfação e motivação de empregados.
- Índices de participação no mercado (*market share*).
- Resultados financeiros.
- Responsabilidade socioambiental.

8.1 Monitoramento da Satisfação de Clientes

Criar canais e processos para ouvir permanentemente o cliente é um imperativo para que as empresas possam estar em sintonia fina com o cliente e com o mercado. Daí a crescente adoção de Centros de Atendimento aos Clientes (*Call Centers*), bem como de pesquisas periódicas de satisfação de clientes. Para tanto, torna-se necessária a montagem de uma infraestrutura de sistemas de informação que possibilite à empresa a tomada de ação de forma rápida e eficaz.

Além da criação de canais, de processos e de sistemas de informação, a empresa deve delegar ao seu corpo gerencial e aos seus funcionários a responsabilidade por manter a satisfação dos clientes em níveis elevados. Recomenda-se, para esse fim, a criação de Comitês de Satisfação de Clientes, integrados pelo gerente e por profissionais da unidade, cuja missão será a de acompanhar os resultados das pesquisas de satisfação ou das reclamações vindas dos Centros de Atendimento, tomando as ações que se fizerem necessárias.

Será importante que o pessoal interno, como técnicos e vendedores, que tenham contato direto com os clientes ou com redes de revenda ou concessionários, sejam ouvidos sistematicamente.

Praticamente em todas as universidades, empresas de consultoria e, em especial, institutos de pesquisas, desenvolvem-se e disponibilizam-se metodologias aplicáveis à medição da satisfação de clientes, suas empresas, seus produtos, seus serviços e suas práticas de mercado.

O monitoramento da satisfação de clientes é feito por pesquisas com foco nos aspectos ligados a qualidade do produto, valor agregado, facilidade de contato com a empresa e solução rápida de problemas relacionados com o desempenho do produto e assistência técnica pós- venda.

Os resultados das pesquisas deverão ser analisados e discutidos pelas áreas responsáveis por resolver eventuais causas de insatisfação e tomada de ações corretivas.

É importante que as organizações disponibilizem processos e oportunidades para que os clientes possam colocar suas expectativas e necessidades, bem como suas reclamações, seja através dos *call centers* ou em contato pessoal com os Centros de Atendimento a Clientes.

A propósito, uma pesquisa realizada pelo Instituto Tarp, do Canadá, revelou alguns dados interessantes relacionados à satisfação e à fidelização de clientes:

- 96% dos clientes insatisfeitos com um produto ou serviço nunca reclamam.
- Os clientes que reclamam são mais propensos a voltar a fazer negócio com a empresa que aqueles que não reclamam.
- 62% dos clientes que reclamam voltam a fazer negócios se a reclamação for resolvida. Essa percentagem sobe, surpreendentemente, para 82% se o cliente sente que a reclamação foi rapidamente resolvida.
- O cliente que teve um problema com uma empresa conta o fato para dez pessoas.
- Clientes que tiveram suas reclamações resolvidas contam o fato para cinco pessoas.

Em tempos passados, os empresários não dispunham de instrumentos ou processos adequados para medir o nível de satisfação de seus clientes, fato que os levava a colher apenas impressões, não dados concretos, para a tomada de ações corretivas.

Mais recentemente, pesquisas cientificamente estruturadas tornaram-se disponíveis para esse fim. As pesquisas funcionam como radares que avisam sobre a presença do obstáculo à frente ou informam sobre janelas de oportunidades.

Em universidades e empresas de consultoria e, em especial, em institutos especializados, há metodologias e instrumentos adequados para a escuta e a medição da opinião do cliente sobre a empresa, seus produtos, seus serviços e suas práticas de mercado.

O acompanhamento das pesquisas periódicas deve ser feito por meio de processos estruturados que permitam não somente a resolução de problemas, mas que ensejem a melhoria constante dos processos críticos que assegurem a satisfação e a lealdade dos clientes.

A título de ilustração, seguem algumas questões relacionadas à satisfação e à lealdade de clientes, objeto de avaliação, como:

- Quanto ao produto:

1. Satisfação com a qualidade do produto.
2. Facilidade de uso do produto.

3. Qualidade dos manuais de instrução.
4 Frequência com que o produto necessita de reparos.

- Serviços de assistência técnica:

1. Facilidade de contato para solicitar assistência técnica;
2. Tempo decorrido entre a solicitação de assistência técnica e solução do problema;
3. Habilidade do representante técnico, ou dos concessionários de assistência técnica para resolver o problema.

- Suporte de Vendas:

1. Comportamento do representante de vendas quanto à atitude, atenção e conhecimento do produto.
2. Cumprimento do prazo acordado para a entrega do produto.
3. Atendimento às consultas/solicitações.

- Atendimento ao cliente:

1. Facilidade para fazer contato com a empresa.
2. Eficiência do atendente no encaminhamento ou solução às suas consultas.
3. Satisfação geral quanto à qualidade do atendimento em suas consultas.

- Satisfação e Fidelidade:

1. Grau de satisfação com relação à empresa ou ao produto.
2. Se fosse adquirir um novo produto, escolheria novamente a mesma empresa?
3. Recomendaria a empresa ou seus produtos a outras pessoas?

Cabe destacar alguns pontos muito importantes no processo de monitoramento da satisfação de clientes, a saber:

- Não perder tempo questionando a metodologia da pesquisa. Em 95% dos casos, ela é adequada e os resultados são confiáveis.
- Não reagir negativamente a resultados adversos da pesquisa, mas aproveitar a informação dos pontos negativos para focar em áreas que requerem melhorias.
- Aproveitar o alerta dos clientes para desenvolver e implementar planos corretivos onde persiste a insatisfação.
- Acima de tudo, tratar a opinião do cliente com respeito. Afinal, se ele se dispõe a responder a pesquisa é porque, ainda que não declare, deseja a melhoria da empresa, cujos produtos ou serviços utiliza para agregar valor ao seu negócio.

Dentro do esquema de reconhecimento e recompensa da empresa, os resultados ligados à melhoria de satisfação de clientes, devidamente mensurados, devem influenciar a concessão de aumentos salariais por mérito ou promoção e, principalmente, na participação nos resultados do negócio.

8.2 Monitoramento de Satisfação e Motivação de Empregados

Da mesma forma que a empresa abre canais para ouvir o cliente, faz-se necessária a abertura de um diálogo franco e permanente com os empregados, seja através de entrevistas, mesas redondas, reuniões de comunicação e pesquisas periódicas de clima organizacional.

No tocante às pesquisas, elas tornam-se importantes ferramentas para medição do nível de satisfação dos empregados, bem como para a tomada de ações impulsionadoras de um processo contínuo de melhoria da moral e da motivação da força de trabalho da empresa.

As metas de melhoria de tais níveis de satisfação devem ser estabelecidas buscando sempre progressos ano sobre ano, até que se obtenham índices próximos de 100%.

Trata-se de um grande desafio, que exige forte comprometimento por parte do corpo gerencial, notadamente na tomada de ações corretivas.

Cada grupo funcional, sob a liderança de seus gerentes, deve acompanhar os resultados das pesquisas e traçar planos de ação com metas de melhoria contínua dos resultados alcançados.

As pesquisas de satisfação devem abranger fatores críticos ligados à satisfação e à motivação de empregados, a saber:

a) Fatores higiênicos: condições físicas de trabalho, benefícios, segurança no emprego, salário.

b) Fatores motivacionais: realização pessoal, comprometimento com os objetivos da empresa, reconhecimento e recompensa, oportunidades de desenvolvimento profissional.

c) Práticas gerenciais: percepção do empregado quanto ao estilo das chefias, abertura, envolvimento, orientação e delegação de poderes.

d) Clima organizacional: ambiente saudável de trabalho com canais de comunicação abertos e transparentes sobre todos os assuntos pertinentes ao negócio.

Seguem alguns exemplos de questões mais relevantes, formuladas nas pesquisas de satisfação e motivação de empregados:

1. Questões dirigidas à satisfação de empregados:

> De um modo geral, as condições físicas de trabalho são satisfatórias?
> Os benefícios oferecidos pela empresa atendem às suas necessidades?
> O quanto você está satisfeito com seu salário?

2. Questões referentes à motivação de empregados:

- O trabalho lhe dá um sentimento de realização pessoal?
- O quanto você está satisfeito com o reconhecimento e a recompensa que recebe?
- A empresa oferece oportunidades para o meu crescimento e desenvolvimento pessoal e profissional?

3. Práticas gerenciais:

- Você confia nas decisões tomadas por seu chefe imediato?
- Está satisfeito com o apoio e a orientação que recebe de seu chefe?
- Seu chefe mantém você informado a respeito do andamento do negócio?
- Seu chefe delega suficiente autoridade para que você possa realizar seu trabalho?
- Você é tratado com respeito e justiça?

Vale lembrar que a melhoria contínua de satisfação e motivação de empregados é um dos objetivos prioritários do negócio, daí a importância do monitoramento dos resultados e das ações corretivas indicados nas pesquisas.

A exemplo do que ocorre com os resultados de melhoria dos índices de satisfação de clientes, a melhoria contínua dos índices de satisfação e motivação de empregados deve ser reconhecida e recompensada por meio de concessões de aumentos salariais por mérito, promoção e de participação nos resultados do negócio.

Cabe, finalmente, ressaltar que satisfação e lealdade de clientes, aliada à satisfação e motivação de empregados, constituem fatores críticos de sucesso para qualquer empresa, posto que conduzem a resultados financeiros esperados por seus acionistas e, em último caso, à sua própria sobrevivência no mercado.

Clientes satisfeitos, atendidos por empregados satisfeitos e motivados, comprometidos com os resultados do negócio, conduzem as empresas a aumentarem sua participação no mercado e, consequentemente, alcançarem ou superarem seus resultados.

Vale lembrar que a sobrevivência é outra maneira de se aferir a sustentabilidade do negócio. É preciso buscar e trabalhar para que as relações de interdependência na empresa sejam todas sustentáveis.

8.3 Análise e Autoavaliação de Resultados Frente ao Modelo de Gestão Integrada do Negócio

Um dos primeiros ensinamentos trazidos pelo uso do processo de Gestão através da Qualidade foi o do uso amplo de ferramentas de medição para avaliar o comportamento dos indicadores de desempenho, previamente estabelecidos por ocasião do planejamento de objetivos prioritários do negócio.

Os resultados passaram a ser acompanhados em gráficos espalhados por todos os cantos da empresa. A sensibilidade aguçada do velho dirigente de empresa começou a ser substituída por sistemas um pouco mais científicos de medição.

Tais processos de medição e avaliação, baseados em dados e informações, transformaram-se em importantes ferramentas para a tomada de decisões e o direcionamento do negócio, trazendo uma saudável e refrescante evolução dos processos de gestão empresarial.

Foi a época em que os dirigentes passaram a basear suas decisões apoiados em fatos e dados, e não mais "pelo olho do dono". É o que os americanos convencionaram denominar de *management by fact*, em contraposição ao gerenciamento por *feeling*. Daí surgirem várias ferramentas de medição de resultados, dentre elas o famoso *Balanced Score Card*, geralmente utilizado nos níveis mais elevados da organização. Esse sistema parte do princípio de que existe um conjunto de indicadores que, olhados de forma integrada e sistêmica, aferirão o comportamento dos diversos indicadores do negócio.

Uma vez definidas as grandes vertentes estratégicas da empresa, bem como metas e objetivos, são selecionados os indicadores de desempenho, para posterior aferição de resultados ao longo do ano.

Fecha-se então um ciclo, iniciando-se nova fase de planejamento para o futuro, com base no desempenho dos principais indicadores do negócio.

Segue-se à fase de planejamento o acompanhamento mensal de resultados e eventuais tomadas de ações corretivas, visando assegurar o cumprimento das metas e dos objetivos estabelecidos.

O Modelo de Gestão Integrada, conforme ilustra o quadro a seguir, contempla, finalmente, um processo permanente de análise e autoavaliação por parte da alta direção em relação aos seguintes indicadores de desempenho, considerados críticos para o sucesso do negócio:

MODELO DE GESTÃO DE NEGÓCIO

1. LIDERANÇA		
1.1 MISSÃO, VISÃO E DIRECIONAMENTO ESTRATÉGICO, OBJETIVOS	1.3 MONITORAÇÃO	1.6 RESPONSABILIDADE SOCIAL
	1.4 PRINCÍPIOS E VALORES	
1.2 COMUNICAÇÃO	1.5 COMPORTAMENTO	
2. GESTÃO DE RECURSOS HUMANOS		
2.1 SELEÇÃO E RECRUTAMENTO	2.3 AMBIENTE DE TRABALHO	2.6 RECONHECIMENTO E RECOMPENSA
	2.4 EMPOWERMENT	
2.2 EDUCAÇÃO E TREINAMENTO	2.5 PLANOS DE CARREIRA	
3. GESTÃO DE PROCESSOS DE NEGÓCIO	**4. FOCO NO CLIENTE E NO MERCADO**	**5. UTILIZAÇÃO DE INFORMAÇÃO E FERRAMENTAS DE QUALIDADE**
3.1 PROCESSOS GERENCIAIS	4.1 NECESSIDADES E EXPECTATIVAS DO CLIENTE E DO MERCADO	5.1 PROCESSO DE SOLUÇÃO DE PROBLEMAS
3.2 PROCESSOS OPERACIONAIS	4.2 SEGMENTAÇÃO E COBERTURA DE MERCADO	5.2 PROCESSO DE MELHORIA DE QUALIDADE
3.3 PROCESSOS DE INFRA-ESTRUTURA	4.3 GESTÃO DO RELACIONAMENTO COM OS CLIENTES	5.3 HABILIDADES INTERATIVAS
		5.4 BENCHMARKING
	4.4 PESQUISAS DE SATISFAÇÃO DE CLIENTES	5.5 GESTÃO DA INFORMAÇÃO
6. RESULTADOS DO NEGÓCIO		
6.1 SATISFAÇÃO E LEALDADE DE CLIENTES	6.3 PARTICIPAÇÃO DE MERCADO	6.6 CRESCIMENTO DA RECEITA COM LUCRATIVIDADE
	6.4 RESULTADOS FINANCEIROS	
6.2 SATISFAÇÃO E MOTIVAÇÃO DA FORÇA DE TRABALHO	6.5 PRODUTIVIDADE	

Quadro 6

a) Liderança

- Visão e direção estratégica da empresa, suas metas e objetivos de curto, médio e longo prazo.
- Comunicação e monitoramento, por meio de processos que assegurem o acompanhamento das metas e dos objetivos estabelecidos.

- Princípios e cultura, consubstanciados em valores que regem o relacionamento entre a empresa, seus clientes, empregados, fornecedores e acionistas.
- Responsabilidade social, traduzida no exercício da cidadania corporativa e materializada em ações de apoio à comunidade e de ações de preservação do meio ambiente.

b) Gestão de Pessoas, com Foco nos Seguintes Processos Críticos

- Recrutamento e seleção com processos destinados a atrair os talentos e competências necessários ao alcance do objetivo do negócio.
- Educação e treinamento visando à capacitação e ao desenvolvimento dos talentos da empresa, em linha com as necessidades do negócio.
- Planos de carreira desenvolvidos para possibilitar a promoção dos empregados, de acordo com seu desempenho.
- Reconhecimento e recompensa por meio de processos que assegurem o reconhecimento de contribuições de seus empregados e recompensas através de premiações ou de participação em resultados.
- Integração funcional que assegure a liberdade para o diálogo, para a criação de soluções e para a cooperação e sinergia entre pessoas, grupos e áreas da organização.

c) Gestão de Processos

- Processos gerenciais, facilitadores do cumprimento das metas e dos objetivos estratégicos.
- Processos operacionais que suportam as atividades da empresa em suas áreas funcionais, comerciais ou industriais.
- Processos de infraestrutura que asseguram o funcionamento da organização, tais como telecomunicação, sistemas de informação, construções e instalações.

d) Foco no Cliente e no Mercado

- Necessidades e expectativas dos clientes e do mercado, medidas por pesquisas periódicas, estudos do mercado e da concorrência, centro de atendimento aos clientes.
- Segmentação e cobertura do mercado com identificação dos seus diferentes nichos visando ao aumento da penetração de seus produtos ou serviços.
- Gestão do relacionamento com os clientes por meio da abertura de canais formais ou informais de comunicação com o cliente, notadamente na fase do pós-venda.
- Participação no mercado frente à concorrência.

e) Avaliação dos Resultados Financeiros

- Retorno sobre investimentos e ativos.
- Crescimento da receita com rentabilidade.
- Crescimento da receita por empregado (aumento de produtividade).

Esse processo de análise e de autoavaliação de cada elemento do Modelo de Gestão Integrada do Negócio, a ser conduzido anualmente pela alta direção da empresa, é de suma importância para assegurar a melhoria contínua dos principais indicadores de desempenho, bem como de todos os processos que suportam o alcance das metas e dos objetivos prioritários do negócio.

Como parte integrante desse processo são estabelecidos objetivos e planos de ação visando assegurar a melhoria contínua da qualidade da gestão da empresa e, consequentemente, sua liderança no mercado.

Esta maneira de pensar e de agir é parte essencial da gestão estratégica do negócio. Assegura a saúde do organismo durante os processos a que vai se submetendo ao longo do tempo.

9. Responsabilidade Socioambiental

❖

As empresas, além de cumprirem a finalidade de proporcionar lucros aos seus acionistas, têm, em contrapartida, certas obrigações para com a sociedade, que transcendem a simples obrigação de respeitar as leis e pagar impostos. Tais obrigações fazem parte do exercício de sua cidadania, concretizada através de apoio a projetos sociais junto às comunidades mais carentes, bem como de práticas de preservação ambiental.

É a chamada responsabilidade social da empresa, que se bem exercida confere-lhe a devida credibilidade junto à opinião pública, aos governo e aos clientes.

Já houve uma mudança na sociedade com a criação do terceiro setor, que emprega dinheiro advindo da iniciativa privada para preencher lacunas do setor público na área social.

Em muitas empresas, em passado não muito distante, esse enfoque era quase inexistente porque só se privilegiava o lucro. Hoje as empresas sabem que pertencem a uma comunidade e que não podem ignorar os pontos de conexão entre os diversos membros dessa comunidade.

Outra relação importante de interdependência se dá com o meio ambiente e diz respeito ao presente e ao futuro do nosso planeta. Cabe às empresas importante papel, incorporado em seus processos produtivos as melhores práticas de preservação ambiental.

Obviamente, se há uma expectativa de perenidade da empresa, ela não pode menosprezar o risco do esgotamento das fontes de matérias-primas ou dos recursos do meio ambiente de que ela depende. Esta é uma das razões pelas quais muitas empresas se referem à sua responsabilidade socioambiental como prioridade do negócio.

Sob o prisma da Qualidade Total, a responsabilidade socioambiental das empresas resulta do atendimento das necessidades e expectativas dessas comunidades que são, de alguma maneira, afetadas por suas atividades. Cabe a elas conhecer de perto quais são essas necessidades e expectativas, para que possam definir sua linha de atuação, alocando recursos financeiros e humanos necessários à implementação de seus projetos.

Fazem também parte integrante da responsabilidade social práticas empresariais voltadas para a preservação e melhoria do meio ambiente.

A legislação brasileira inclui várias condicionantes de ordem ambiental que passam a influir na própria viabilidade técnica ou econômica na implementação de projetos, especialmente os de caráter industrial.

Recentes conferências promovidas por chefes de Estado em torno desse tema vêm despertando o interesse de empresários do mundo inteiro, incentivando-os a aderir às diretrizes e princípios à **Carta Empresarial Para o Desenvolvimento Sustentável**, elaborada pela Internacional American Chamber of Commerce desde a ECO-92, realizada no Rio de Janeiro, abaixo transcrita:

- Reconhecer a gestão do meio ambiente como uma das prioridades das empresas; estabelecer políticas, programas e procedimentos de modo a conduzir as suas atividades de forma ambientalmente segura;
- Desenvolver e fornecer produtos ou serviços que não produzam impacto ambiental e sejam seguros em sua utilização; que apresentem o melhor rendimento em termos de consumo de energia e de recursos naturais; que possam ser reciclados ou reutilizados e cuja disposição final não seja perigosa;
- Desenvolver, projetar e operar instalações tendo em conta a eficiência do consumo de energia e dos materiais, bem como o tratamento de resíduos de forma segura e responsável;
- Contribuir para o desenvolvimento de políticas públicas,

de projetos empresariais e de iniciativas educacionais que valorizem a consciência e a preservação ambiental.

Em que pesem os compromissos firmados nesses encontros de Chefes de Estado sobre o meio ambiente, persistem ainda discussões sobre a compatibilidade entre desenvolvimento e preservação do meio ambiente.

No Brasil é possível observar várias experiências sendo conduzidas por muitas empresas que crescem com rigorosa observância dos padrões de qualidade do meio ambiente.

Os órgãos públicos e a legislação que lhes dá suporte têm sido cada vez mais rigorosos no cumprimento das normas técnicas por parte das empresas, órgãos públicos e sociedade em geral.

É justamente no desenvolvimento de diretrizes que compatibilizam o crescimento industrial com a preservação do patrimônio ambiental que deverão estar centradas as atenções das autoridades e dos governos, responsáveis pela implementação de políticas públicas pertinentes.

Organizações que adotam os princípios da Qualidade Total incorporados aos seus modelos integrados de gestão certamente abrigam os projetos de preservação do meio ambiente em sua missão e visão estratégica, bem com em suas metas e objetivos. E não o fazem para ficar bem na foto, mas porque desenvolvendo produtos ambientalmente saudáveis conseguem, ao mesmo tempo, vantagens competitivas no mercado, sem contar com economias relacionadas aos seus processos produtivos.

Em resumo, governos, empresários, organizações não governamentais, cidadãos do mundo inteiro estão definitivamente comprometidos com a preservação do meio ambiente como o único meio de tornar a vida em nosso planeta habitável e saudável para as futuras gerações.

O Case Natura

A Natura coloca entre suas Crenças e Valores um comprometimento com a preservação do meio ambiente e de sua própria sustentabilidade.

Em sua Razão de Ser, estabelece um compromisso com o bem-estar das pessoas e com a preservação da natureza, conforme explicitado a seguir: "é criar e comercializar produtos e serviços que promovam o bem-estar/estar bem. Bem-estar é a relação harmoniosa, agradável, do indivíduo consigo mesmo, com seu corpo. Estar bem é a relação empática, bem-sucedida, prazerosa do indivíduo com o outro, com a NATUREZA da qual faz parte, com o todo".

Nesse elenco de crenças, valores e razão de ser é que se fundamenta a atividade empresarial da Natura, que segundo seu Presidente, Luiz Seabra, vem obtendo altos reconhecimentos. Segundo ele, para a Natura, "imperiosa agora é a busca obstinada do equilíbrio de suas atividades, diminuindo os impactos negativos sobre o meio ambiente, até que possamos garantir processos positivos em toda a cadeia produtiva. Ao mesmo tempo, e com igual determinação, a empresa procurará exercer sua vocação de agente de transformação social, remunerando condignamente a rede envolvida na geração e comercialização dos seus produtos e promovendo oportunidades de inserção à população excluída do acesso a uma condição de vida digna. Com igual responsabilidade, a Natura empregará sua capacidade de inovação mais abrangente, considerando sua missão de atender criativamente, às necessidades dos consumidores, ao mesmo tempo em que busca respeitar e cuidar da ameaçada teia da vida, inspirada pelo sonho coletivo de legarmos um futuro mais saudável para o planeta. As crenças e princípios que norteiam as atividades da Natura constituem um belo exemplo da compatibilidade entre o desenvolvimento e o respeito à preservação e à sustentabilidade do meio ambiente".

Alguns dos projetos ambientais da Natura demonstram, na prática, seu compromisso na defesa e na preservação do meio ambiente:

Desenvolvimento de linhas de produtos que incorporam conceitos de sustentabilidade: Por exemplo, a linha de produtos infantis Natura Naturé, de cores, texturas e fragâncias diferenciadas para incentivar, por meio de brincadeiras, o cuidado com a natureza, de forma poética e divertida.

Projeto de reciclagem para São Paulo: Criado em 2007 e lançado em Recife, recolhe as embalagens de produtos Natura após seu consumo e as destina às cooperativas onde são descaracterizadas e vendidas pelas empresas recicladoras.

Carbono Neutro: O programa, lançado em 2007, destina-se a compensar as emissões de gases causadores do efeito estufa, desde a extração de matérias-primas até a entrega final das embalagens e dos resíduos ao meio ambiente.

Em 2007 a Natura optou pela compensação das emissões por meio de ações de reflorestamento, incluindo sistemas agroflorestais e de energia renovável. Em 2008, incorporou um projeto de Redução de Emissões por Desmatamento e Degradação, além daqueles iniciados em 2007 (Entrevista publicada na Revista da Fundação Nacional de Qualidade, novembro de 2009, p. 38).

10. O Papel da Alta Direção

❖

Entendemos que o papel da alta direção é de fundamental importância não somente para definir os rumos estratégicos do negócio, mas também para estabelecer os princípios, os valores éticos que moldarão a cultura da organização e sua forma de gerir a empresa. Igualmente, tais princípios e valores regerão as relações da empresa com seus clientes, empregados, fornecedores, acionistas e a comunidade.

Impõe-se para o êxito dessa importante tarefa uma gestão do negócio exercida de forma orquestrada, tal como um maestro rege seus músicos.

Sob vários aspectos, cabe a comparação entre uma empresa e uma orquestra, tão grande é a analogia entre o papel de cada setor do empreendimento com a função de cada instrumento musical no outro.

Da mesma forma em que a beleza e a harmonia da música dependem da perfeição com que cada instrumento é executado, o sucesso de uma empresa requer excelência e competência profissional em todas e em cada uma de sua múltiplas funções. Da mesma forma que um violino desafinado compromete de maneira irremediável o desempenho da orquestra, não basta ter um produto de qualidade se a área comercial for incapaz de levá-lo ao mercado de forma eficaz e lucrativa; não basta um quadro de vendedores altamente competentes se a área financeira é incapaz de emitir faturas de maneira correta. Em poucas palavras, o sucesso de um empreendimento empresarial pressupõe que todas as áreas atuem com a máxima eficácia, de forma harmônica e integrada, exatamente como um boa orquestra, onde cada músico apura o ouvido para acompanhar corretamente os demais, além de manterem o foco, visualmente, tanto na partitura quanto nos gestos do maestro.

Seguindo ainda a analogia com a orquestra, o entrosamento dos instrumentos é garantido pelo próprio maestro, que com sua experiência e sensibilidade tira o melhor de todos os músicos, obtendo a máxima beleza do conjunto que reúne melodia, harmonia e ritmo.

O maestro não precisa ser um virtuoso instrumentista, mas tem que saber como integrar e conduzir os músicos para que eles possam atingir o melhor resultado final.

Na empresa, o Diretor Geral desempenha o papel do maestro de uma orquestra. Cabe a ele integrar as diversas áreas da companhia de forma a maximizar os resultados do negócio. Não é necessário que seja um profundo conhecedor dos métodos e dos processos de fabricação, nem que tenha um talento comercial apurado. O que ele necessita, mais que nada, é de uma visão clara de onde está e aonde quer chegar, inspirando e motivando sua equipe para atingir o objetivo desejado.

Precisa, também, conhecer e entender o mercado, suas particularidades, os clientes e suas necessidades, a concorrência, o panorama político e econômico do país e, principalmente, ser capaz de harmonizar todos esses elementos em uma estratégia coerente que resulte em sucesso para as partes interessadas no processo: os clientes, os empregados, os fornecedores, os acionistas e a sociedade que a todos hospeda e o ambiente onde tudo se sustenta.

Além do direcionamento da Alta Direção, as empresas também necessitam dispor de um processo claro e eficiente que assegure a existência de recursos adequados, bem como a comunicação e efetiva interação entre as diversas áreas do negócio. Um processo que parta de uma clara definição do que é a empresa, seu negócio, seu mercado e seus produtos e que estabeleça sua Missão e Visão, compartilhadas e entendidas por todos os empregados, em todos os níveis.

O festejado Warren Bennis, no livro *Repensando o Futuro* em parceria com outros autores como Michael Porter, Setephen Covey e Philip Kotler, ao apresentar os deveres do líder na definição da Visão, afirma que "o papel do líder não é apenas ter esse senso de visão, mas também ser capaz de compartilhá-la com toda a organização. Os líderes eficazes terão de criar não apenas uma visão, mas uma visão que coloque os jogadores no centro da ação e não na periferia"(Ob. Citada, Ed. Makron Books, 1998).

O comportamento dos líderes deve servir de exemplo para toda a organização, impondo-lhes coerência entre o discurso e as práticas.

No modelo de Gestão Integrada do Negócio, tais atribuições são compartilhadas por todos os integrantes da alta direção, igualmente responsáveis por definir a Missão, a Visão e o Planejamento Estratégico, bem como estabelecer metas e objetivos prioritários do negócio.

Embora representem diversas áreas funcionais, como marketing, recursos humanos, finanças, enquanto membros da alta direção da empresa atuam como codirigentes do negócio como um todo, assegurando a interação de suas respectivas áreas com as de seus pares, de forma estruturada e integrada.

Essa forma conectada e integrada de atuação evita os usuais conflitos já mencionados entre as diversas áreas em empresas que se organizam ou que atuam de forma verticalizada, como já referido em capítulo anterior.

Em última análise, os integrantes da alta direção são os verdadeiros responsáveis pela gestão do negócio, fator crítico de sucesso na busca do alcance dos objetivos prioritários do negócio: satisfação e fidelidade dos clientes, satisfação e motivação de empregados, participação no mercado e resultados financeiros.

Note-se que os valores e princípios que regerão as relações da empresa com seus *stakeholders* deverão estar sempre presentes no exercício da liderança da alta direção. Nesse sentido, o comportamento de seus líderes deve servir de exemplo para toda a organização, impondo-lhes coerência entre seus discursos e suas práticas.

Como acentua Stephen Covey, "Não existe liderança centrada em princípios sem líderes centrados em princípios" (*Repensando o Futuro*, Makron Books, 1998).

Definição de metas e indicadores de desempenho para os diferentes níveis da organização, delegação de autoridade e responsabilidades, estabelecimento de processos gerenciais, com regulares revisões de resultados em todos os escalões – essas são algumas das práticas que, adotadas, acabaram por mudar o rumo do negócio das empresas.

Esse Modelo de Gestão Integrada e participativa enterrou a figura do líder autocrático, super-homem, estabelecendo responsabilidades para todo o corpo gerencial da empresa frente a seus *stakeholders* (clientes, fornecedores, empregados, acionistas e comunidade).

Ao executivo de nível mais alto compete a decisão de criar um eficaz sistema de liderança, orquestrando a construção de um modelo de Gestão Integrada de Negócio.

Cabe, por fim, ressaltar o papel da liderança da Alta Direção na construção de um clima organizacional em que as pessoas possam expressar, com toda abertura e honestidade, seus pontos de vista, dentro de uma atmosfera de mútuo respeito, confiança e espírito de equipe. Equipes integradas, que conhecem e interagem com as outras equipes e que asseguram colaboração sintonizada ao longo do processo produtivo.

11. Cuidados para a Implementação do Modelo de Gestão Integrada do Negócio

❖

O sucesso na implementação e na continuidade do negócio, baseado no Modelo de Gestão Integrada depende:

> a) De uma clara e prévia definição do negócio: como está, para onde vai e como chegar lá.
>
> b) Do conhecimento do mercado onde atua, dos seus concorrentes, hábitos de consumo e do ambiente regulatório.
>
> c) Da aquisição dos recursos e das competências gerenciais necessárias à gestão eficaz do negócio.
>
> d) De um corpo gerencial imbuído de olhar o negócio de forma integrada e sistêmica, monitorando permanentemente seus resultados.

A não observância desses primeiros passos, indispensáveis ao sucesso sustentado do negócio, tem gerado, como vimos, altas taxas de mortalidade de empresas, conforme mostra o relatório divulgado pelo SEBRAE centrado em pequenas e médias empresas. Em 82% dos casos o SEBRAE encontrou evidências de que os empreendedores sequer haviam definido, com clareza e realismo, as dimensões do projeto que estavam iniciando, e nem sequer dispunham de um processo de gestão estruturado.

No breviário de empresas multinacionais e de grandes empresas nacionais, a definição prévia do negócio, do mercado, da concorrência, do ambiente regulatório e dos recursos humanos e financeiros necessários ao cumprimento das metas o objetivos do negócio constituem fatores críticos para o sucesso de qualquer empreendimento.

A relativa pequena intimidade de muitos empreendedores com os fundamentos de planejamento de negócios leva muitos deles a dar a partida em suas empresas sem uma reflexão, ainda que superficial, sobre o mercado onde estão entrando (os clientes, os produtos, os hábitos de consumo) e nem sequer sobre o modelo de gestão que adotarão.

Os elementos essenciais a serem considerados e analisados na elaboração desse Plano de Voo são listados a seguir, e já exaustivamente comentados em capítulos anteriores:

- Missão
- Visão
- Valores
- Negócio, mercado, clientes
- *Stakeholders* (fornecedores, empregados, clientes, acionistas, comunidade, governo)
- Resultados financeiros desejados
- Responsabilidade socioambiental

12. Considerações Finais: Preocupação com o Futuro

❖

Ao longo deste livro procuramos enfatizar a importância da Gestão Integrada do Negócio como forma não somente de alcançar os resultados esperados pelos acionistas, mas também por todos aqueles que interagem nesse processo – ou seja, clientes, empregados, fornecedores, acionistas e a comunidade de um modo geral.

Ao mesmo tempo, procuramos demonstrar o quanto esta forma integrada de gerir o negócio pode modificar as relações entre estes *stakeholders*. Não tratamos o tema apenas de forma conceitual, mas invocando alguns exemplos de empresas bem-sucedidas no uso dos processos e das ferramentas de qualidade como parte integrante dos seus processos gerenciais.

Concluimos, com risco de alguma redundância, enfatizando alguns dos muitos benefícios trazidos às organizações que administram seus negócios segundo os conceitos da Qualidade, arrolados a seguir:

- Tome-se em primeiro lugar o que convencionamos chamar a redescoberta do cliente. Até então as organizações priorizavam somente os acionistas, com busca de resultados financeiros a curtíssimo prazo, em prejuízo da satisfação e da fidelização de seus clientes, postura esta que, em muitos casos, resultou em perda de participação no mercado e, por decorrência, em prejuízos financeiros.
- Ao inverter essa prioridade, passando a focar a satisfação do cliente como ator principal do negócio, todas as áreas passaram a agir de forma integrada, de modo a atender às suas necessidades e expectativas.

- Tal mudança de foco obrigou as empresas a tornarem-se mais leves, ágeis, com estruturas simplificadas, com aumento da sua produtividade e competitividade.
- Para tanto, tiveram que delegar maior responsabilidade e autoridade àqueles mais próximos do cliente e do mercado, habilitando-os a tomar rápidas decisões para a solução de problemas ou captura de oportunidades.
- Tudo somado resultou em redução de custos, com eliminação de burocracia, além de redução de níveis hierárquicos.
- De certa forma, as empresas também "redescobriram" seus empregados, passando a preocupar-se com sua satisfação, motivação e desenvolvimento, de forma prioritária, possibilitando o pleno uso de suas potencialidades.
- As empresas que adotaram o Modelo de Gestão Integrada, com base nos princípios da Qualidade Total passaram a colher vantagens competitivas, conquistando maiores fatias de mercado e melhor retorno financeiro em seus investimentos.

Preocupação com o Futuro

Cabe, finalmente, registrar algumas preocupações sobre o futuro das corporações face a uma crescente complexidade resultante da globalização da economia, bem como do abandono de práticas gerenciais saudáveis, atropeladas pela ansiedade desmedida na conquista de novos clientes e novos mercados, contaminados por crises econômicas em vários países.

Vejam, por exemplo, o caso da crise da economia americana, que se alastrou para os países da comunidade europeia. A arrogância, a certeza de uma incontestada liderança, tudo isto conduzindo a uma acomodação desastrosa, vem impactando o ambiente de negócios no mundo inteiro, notadamente nos países desenvolvidos. Talvez esteja na hora de as empresas reverem suas estratégias e seus conceitos básicos de administração, tornando-se novamente competitivas como há uns 20 anos atrás, pela retomada do modelo de gestão embasada nos princípios da Qualidade Total.

No Japão, a economia está estagnada há mais de 15 anos. A população jovem está saindo em números preocupantes para o exterior, e ficam apenas os idosos que, para o estado japonês, representam unicamente custos. Talvez valha a pena refletir um pouco sobre esta questão, porque por muitos anos nos acostumamos a apresentar o Japão como exemplo perfeito de sucesso no uso da Gestão pela Qualidade.

Ainda amarrada a este tema está a necessidade de uma profunda análise sobre os efeitos da globalização. Este é um fenômeno relativamente novo, ainda não muito bem-assimilado pelas nações e que está provocando, por exemplo, a desindustrialização dos Estados Unidos, cujas fábricas foram transferidas para a China, para os chamados Tigres Asiáticos e até para o Leste Europeu. A crise orçamentária americana, entre outras causas, é decorrência da redução da oferta de empregos industriais, com a manutenção de um nível de consumo interno incompatível com a renda que ali se obtém. Atualmente, o grande problema a debater é o conceito de competitividade, que está hoje comprovado, não se limita apenas a confiabilidade de seus produtos, e sim ao modelo de gestão adotado pelas empresas.

Estamos convencidos de que as práticas gerenciais embasadas em princípios éticos, focadas no atendimento das necessidades e expectativas de seus clientes, colaboradores, fornecedores, acionistas e das comunidades onde atuam, conduzem ao sucesso do negócio, em qualquer parte do mundo.

Da mesma forma, seu compromisso com a preservação do meio ambiente desde os processos de fabricação até a entrega do produto final as torna ainda mais competitivas no contexto de uma economia globalizada. Isto sem falar das saudáveis preocupações com os efluentes industriais e com a o descarte final de seus produtos.

Em nossas experiências como executivos e, posteriormente, como consultores de empresas, tivemos o privilégio de implementar e vivenciar estratégias de gestão fundadas nos princípios da Qualidade Total, ajudando-as a colher resultados expressivos na condução do seu negócio.

Julgamos por bem compartilhar essas experiências com o mercado, com um único objetivo: tornar possível a busca de melhores resultados nas empresas, por meio de uma força de trabalho integrada e motivada e comprometida com os objetivos do negócio e, de modo especial, com a satisfação de seus clientes. E não menos importante: ajudar a conscientizar as empresas da importância da sua responsabilidade socioambiental.

Bibliografia

❖

BENNIS, WAREN, *Repensando O Futuro*, Makron Books, 1998.
COVEY, STEPHEN, *Repensando O Futuro*, Makron Books, 1998.
CROSBY, PHILIP, *Qualidade é Investimento*, Ed. José Olympio, 1985.
IMAI MASAKI, KAISEN, *The Key To Japan Competitive Sucess*, Rando House, 1986.
GIBSON, ROWAN, *Repensando O Futuro*, Makron Books, 1998;
HERSEY, PAUL & BLANCHARD, *As Teorias e as Técnicas de Liderança Situacional*, E.P.U., 1986.
JURAN, JM E GRYNA, *Controle de Qualidade*, Makron Books, 1992.
MASLOW, A.H. *Motivantion An Personaliy*, Harper & Brothers, 1954.
MATOS, FRANCISCO GOMES, *Estratégia de Empresa*, Makron Books.
MAYO, ELTON, *The Human Problems of an Industrial Civilization*; Boston, Division Of Research, 1945.
Mc Gregor, Douglas, The Human Side Of The Enterprise, Mcgraw Hill, 1960.
MELLO E SOUZA, ROBERTO, *Desenvolvimento de Liderança na Empresa*, Livraria Duas Cidades, 1973.
MOURA, JOSE A. MARCONDES, *Os Frutos da Qualidade, A Experiência da Xerox do Brasil*, Makron Books, 1999, 3.A Edição.
OLIVEIRA, HEITOR CHAGAS, *O Jogo da Malha, Recursos Humanos e Conectividade*, Editora Qualymark, 2003.
OLIVEIRA, HEITOR CHAGAS, *O Jogo da Malha, Recursos Humanos para a Qualidade*, Ed. José Olympio, 1994.

PETERS, TOM, Thriving on Chaos, *Times de Qualidade*, Qualimark Editora, 1992.
RIES, AL, JACK TROUHT, *As Leis Imutáveis de Marketing*, Harper & Collins Publishers, 1993.
TOFFLER, ALVIN, *Sobrevivência da Empresa na Aurora do Terceiro Milênio*, Editora Record, 1994.
TAYLOR, FREDERIC WINSLOW, *Princípios da Administração Científica*, Editora Atlas.
Workshop Sobre Modelo de Gestão Integrada, Associação Comercial do Rio De Janeiro, 2003, em Parceria com Carlos Augusto Salles e Antonio Sergio Salles, ex-Presientes da Xerox do Brasil e Exxon Chemical no Brasil.